언밸런스

언밸런스

삶에서 밸런스는 무의미하다

| 조남성 지음 |

UNBALANCE

클라우드나인
CLOUD 9

언밸런스로 삶의 도약을 꿈꿔라

우리는 '생명'과 '일'을 맞바꾸는 하루하루를 살고 있다

"인생의 긴 계획을 세우고 오늘부터 결승선을 향해 나아가라!"

삶을 계획하고 준비하는 주니어들에게 자주 전하던 메시지다. 누구도 내게 가르쳐 주지 않은 것이기에 더욱 값지고 소중한 것이었다.

누구에게나 사회초년생 시절은 잊히지 않는다. 나 역시 눈코 뜰 새 없이 바쁜 시간을 보냈다. 남달리 시행착오도 많았던 것으로 기억한다. 다행인 것은 일찌감치 경험을 통해 결핍이 성장의 씨앗이 되고 걸림돌이 디딤돌이 된다는 것을 배운 것이다. 사회 생활에서 좋은 선배들을 만나 롤모델로 삼은 것도 큰 행운이었다. 각 선배의 장점을 취합해 나만의 롤모델을 만들고 그러한 사람이 되기 위해 부단히 애를 썼다. 후배들에게 좋은 본보기가 되었으면 하는 욕심도 컸다. 머리에 서리가 앉기 전부터 후배들을 가르치고 격려하는 데 많은 애정을 쏟았다. 삶을 대하는 진지함, 성실한 자세, 올바른 실천 방법을 알려주고자 했다. 삼성SDI를 퇴직한 후에는 전문 코치 과정을 이수하고 경영자 코치로서 활동을 시작했고 그간의 생각과 경험을 정리해 『그로쓰』도 출간했다.

첫 번째 책 『그로쓰』 출간 이후 강연 요청을 많이 받았고 많은 주니어를 만나 이야기를 나눴다. 그러나 현실에서 만난 주니어들의 반응은 나의 기대와는 사뭇 달랐다.

"저희 세대가 생각하는 중요한 가치는 '워라밸'입니다. 목표를 향해 달려가는 동안 삶의 밸런스가 무너질까 걱정이 됩니다."

솔직히 처음 이러한 이야기를 들었을 때 적잖이 당황했다.

'인생이란 수많은 난관에 부딪히며 어떻게든 앞으로 나아가는 것, 상황을 가다듬고 더 나은 내일을 만드는 과정이라는 생각은 나의 고정관념일 뿐인가? 나는 주니어들을 상대하기에 너무 오래된 사람인가?'

나는 떠오르는 몇 가지 질문을 입 밖에 내지 못한 채 워라밸의 가치에 대해 생각해 보았다. 그리고 적절한 해답을 찾아보았다. 그러나 몇 가지 궁리 끝에 내놓은 나의 대답은 질문자를 만족시킬 만한 것은 아니었다.

"일과 삶의 균형으로 무엇을 하고 싶으신가요?"

인생의 선배로서 나는 먼저 답을 듣고 싶었다.

고용노동부에서 처음으로 워라밸work-life balance 제고를 위한 책자를 발간한 것이 2017년이다. 그 전후로 국내에서는 워라밸을 강조하는 풍토가 만들어졌다. 일과 삶의 균형이 개인의 행복에 매우 중요하다는 의미다.

그러나 내가 보기에는 언젠가부터 본래의 취지가 변질되어 워라밸이 일work과 삶life을 이분법적으로 구분하고 일과 삶이 병행할 수 없다는 인상을 강하게 풍긴다고 생각한다. 극단적으로 일에 몰두한 삶은 균형이 깨져버린 '불완전한 형태'라고 강변하는 듯하다. 그러나 과연 그러한가? 한 번쯤 생각해 볼 일이다. 특히 워라밸을 강조하고 추구하는 많은 사람이 '일과 삶의 균형이란 무엇인가?' '이 균형은 무엇을 위한 것인가?'에 대한 답을 할 수 있기를 바란다.

대기업의 CEO든 자영업자든 직장인이든 우리는 '생명'과 '일'을 맞바꾸는 하루하루를 살고 있다. 시간과 에너지를 일에 쏟는다. 그 일이 단순히 돈을 벌기 위한 것인가? 나는 아니라고 생각한다. 대다수는 돈을 벌기 위해서만이 아니라 기쁨과 보람을 만들기 위해 일한다. 일을 배제한 삶이란 애초에 존재할 수조차 없다. 그런데 일과 삶의 영역을 똑 부러지게 나누어서 저울에 매단 듯 균형을 맞추려고 한다면 그것은 도대체 무엇을 위한 것인가?

젊은 시절 나는 성공보다는 성장에 많은 에너지를 쏟았다. 워라밸을 기준으로 하자면 당연히 좋은 점수를 받지 못했을 것이다. 그러나 그로 인해 가정에 소홀했다거나 여러 관계를 망쳤다는 반성은 들지 않는다. 나는 일과 삶에서 '균형'보다 '조화'를 추구했다. 근본적으로는 일과 삶을 분리하려 애쓰지 않았다. 솔직히 우리의 삶을 일과 삶으로 잘라내는 것이 가능하다고 생각해 보지도 않았다. 내게 일은 삶의 당연한 영역이고 성취감, 보람, 만족을 주는 원천이었다. 수많은 어려움, 고통, 실패의 시간을 포함하고서도 말이다.

따라서 나는 주니어들에게도 "삶 자체가 '언밸런스'라는 것을 받아들이고 자신이 세운 인생의 목표에 집중해야 한다."라는 조언을 할 수밖에 없다. 특히 젊은 시절의 일이란 고강도의 훈련을 포함한다. 많은 것을 배워야 하는 시기이다 보니 일에 집중하는 언밸런스가 더욱 강조될 수밖에 없다. 일의 기본은 예나 지금이나 다르지 않다. 몰입하고 몰두해야 경력의 주춧돌이 되는 능력과 경험을 만들 수 있다.

이야기가 나온 김에 '작지만 확실한 행복(소확행)'에 대해서도 말을 보태보자. 주니어들이 이야기하는 소확행이 무엇을 위한 것인가? 혹은 무엇을 남길 것인가? 물론 내게도 확실한 행복을 주는 일상의 작은 이벤트들이 있다. 저녁 시간 아내와의 산책이나 주말에 친구들과 함께하는 운동 등이 내게 작지만 확실한 행복을 준다. 그러나 이런 시간은 내가 가치 있는 일에 몰두한 다음에 찾아오는 행복이다. 그 자체가 목적이 될 수 없다.

고등동물인 인간은 다양한 욕구를 갖는다. 성공과 성취를 통해 자신을 드러내고 가치를 인정받는 것은 인간이 갖는 최상의 욕구다. 그 과정에서 심장이 뛰고 살아 있음을 느낀다. 그래서 많은 이가 높은 목표를 설정하고 이를 향해 달린다.

"한번 상상해 봅시다. 올림픽 금메달을 목표로 하는 선수에게 워라밸이란 가치가 의미가 있을까요?"

모두가 알고 있다. 도전하고 성취하는 삶에서 일과 삶의 균형은 무의미하다. 성장을 위한 값진 경험들도 얻을 수 없다.

한편으로 나는 꿈도 목표도 없이 살아가는 '적당히 안주하는 삶'을 워라밸이라고 포장하는 것은 아닌가 하는 우려도 있다. 나 역시 그러한 때가 있었다. 적당한 안정과 성취에 매료되었다. 그러나 회사 문만 나가도 '우물 안 개구리'에 지나지 않았다. 정신을 차린 후에야 안주하는 태도로는 스스로의 가능성을 발견하고 실현하는 것이 불가능하다는 것을 깨달았다.

주니어들은 나와 같은 '유쾌하지 않은 경험'을 반복하지 않기를 바란다. 또한 일을 통해 삶을 풍요롭고 행복하게 할 수 있다는 것을 일찍부터 깨닫기를 바란다. 성장과 성취 그리고 자아실현을 위해 많은 시간과 노력을 기울이는 삶은 '언밸런스'할 수밖에 없다는 것을 인정하고 받아들여야 한다.

주니어가 스스로 발전 로드맵을 세울 수 있어야 한다

예나 지금이나 젊은 시절은 미래에 대한 두려움과 자신에 대한 불신에 압도되는 시기다. 그러나 요즘 세대는 우리 세대보다 나은 부분이 확실히 있다.

과거 우리는 '추격의 시대'였다. 자기 자신에 대해 충분히 배우지 못했다. 대부분은 배우면서 누군가를 따라가면서 철이 들었다. 따라잡아야 할 상대를 추격하기 위해 모든 에너지를 쏟아야 했다. 그래서 급했고 시행착오가 많았다. 결과적으로 당시에는 '자리가 사람을 만든다.'는 말이 맞았다. 추격하면서 승진했고 높은 자리에 오르면서 그에 맞는 사람으로 바뀌었다.

그러나 요즘 세대는 태어날 때부터 세계 일류를 경험한다. 따라가기보다 뛰어넘는 것에 능하다. 급하지 않고 꼼꼼하게 그리고 성실하게 자신만의 완성품을 만들어낸다. 소위 말하는 '자리'는 사람을 만드는 곳이 아니다. 그가 어떤 사람인지 드러내는 곳일 뿐이다. 요즘 세대는 어떤 위치에서든 평소의 태도를 드러낸다. '추월의 시대'를 살아가는 주니어들을 보면 대견하고 일견 존경스러울 때도 있다.

나는 이번 책의 원고를 정리하며 추월의 시대를 살아내는 이들에게 필요한 것이 무엇일까 고민을 많이 했다. '개인이 감당해야 하는 짐이 매우 크다.'는 것이 나와 눈높이를 같이하는 이들의 공통적인 우려다. 대표적으로 요즘은 자기계발의 책임이 오롯이 개인의 몫으로 남겨진다. 우리 세대만 해도 함께하는 조직 생활이 강조되다 보니 사회나 조직이 개인의 발전을 이끌어 주는 부분이 많았다. 그러나 요즘 세대는 그러한 조직과 분위기를 기대하기 어려운 것 같다. 실제로 많은 주니어가 스스로의 발전을 위한 로드맵을 세우는 데 어려움을 토로한다.

나는 이러한 이해를 바탕으로 주니어들을 독자로 하는 이 책을 기획하고 집필했다. 개인적 경험과 주니어들과의 인터뷰를 통해 얻은 통찰을 바탕으로 도움이 될 만한 이야기를 정리해 나갔다.

한편 개인적으로 고민과 걱정도 없지 않다. '꼰대의 잔소리'로 비칠까 주저하고 조심스러운 마음이 컸다. 원고를 완성한 후 주변에 조언을 구했다. 주니어들과 지인들은 "조언인지 잔소리인지는 주니어들의 상황과 마음을 이해하느냐 아니냐에 달렸다."라는 가이드를 주었다. 주니어 시절의 나를 복기하며 지침을 따르려 부단히 애를 썼다.

책에는 크게 두 가지 이야기를 담았다. 우선 사회초년생들에게 '성장의 의미와 과정'을 정확하고 현실적으로 전달하고자 한다. 주니어 시기는 성장을 위한 시작 단계다. 누가 뭐래도 전심전력의 시기다. 성취하는 삶을 위해 필요한 것은 집중하고 몰두하는 것이다. 언밸런스의 가치와 방법을 깨닫게 되길 바란다.

다음으로 성장의 과정에서 길을 잃은 주니어들이 어떻게 다시 계획하고 길을 만들어 갈지를 안내한다. 기본적으로 삶은 예상치 못한 일투성이다. 대부분 계획대로 되지 않는다. 그럼에도 우리가 계획을 세우고 방향을 잡는 것은 현재 해야 할 일들의 우선순위를 정하고 다가올 내일을 희망을 품고 맞이하기 위해서다. 미래를 낙관하고 현실을 직시해야 다시 시작할 수 있다.

무엇이든 하루아침에 바뀌는 것은 없다. 많은 것을 배우고 익혀야 실천할 수 있다. 내게는 책과 선후배의 조언 그리고 실패의 경험이 가장 큰 자산이었다. 이 책에 담긴 30여 년의 기록이 독자들의 변화를 끌어내는 좋은 동력원이 되기를 바란다.

차례

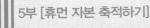

5부 [휴먼 자본 축적하기]

성공의 관계망을 갖춰라 • 223

10장 관계 스트레스를 줄이는 최상의 솔루션을 찾아라   225

6부 [지속성장하기]
끝은 없다 · 265

1부

[자기 분석하기]

나를 먼저 알고
인생을 설계하라

1장

인생에도 기본기가 필요하다

1

언밸런스의 파워를 깨우쳐라

언밸런스가 역량자를 만든다

역량의 의미는 다양하다. '네이버 지식백과'에 따르면 '역량자'란 기업이나 경영의 경우 조직에서 탁월하고 효과적으로 업무를 수행해 내는 사람을 말한다. 역량자는 높은 행동 동기, 특질, 기능 등을 수행할 능력을 갖추고 있다. 그렇다면 역량자는 어떻게 만들어지는가? 이를 보여주는 역사적 사례는 매우 많다. 우리에게 가장 친숙한 인물인 뉴턴의 말을 들어보자.

"어떻게 중력의 법칙을 발견하셨나요?"

뉴턴의 답은 단순했다.

"몇 달이고 몇 년이고 매일 종일 그 생각에 몰입했습니다."

그뿐만 아니다. 이미 많은 돈을 벌어 워라밸을 누리기에 충분한 이들의 삶도 그 이면을 들여다보면 꼭 그렇지만은 않다는 것을 알게 된다. 세계 최고의 갑부로 불리는 빌 게이츠나 워런 버핏은 퇴근 후에도 휴가 기간에도 사업 아이디어를 얻고 문제를 해결하기 위해 몰입의 시간을 갖는다.

황농문 서울대학교 교수는 '인생을 바꾸는 자기 혁명'이라는 부제가 붙은 저서 『몰입』에서 "일 자체가 이루고 싶은 목적이 돼야 능률도 오르고 성공할 확률도 높아진다."라고 말한다. 쓸데없는 잡담과 다람쥐 쳇바퀴 같은 일상의 먼지 낀 시간을 과감히 버리라고 강조한다. SBS 스페셜 「몰입」을 기획했던 이승주 피디 역시 "내가 만난 행복한 사람들은 무엇엔가 미치도록 빠져 있었다."라며 우리가 당장 해야 하는 일과 공부를 가장 숭고한 목표로 삼는 것이 얼마나 의미 있는 일인지를 강조한다. '목표에 집중하는 삶'은 내가 강조하는 '언밸런스'의 또 다른 표현이다.

30여 년간 내가 만난 역량자는 모두 언밸런스의 삶을 살아왔다. 그러나 그 모습은 시간에 따라 달라지고 있다. 내가 사회에 첫발을 들여놓을 때만 해도 역량자의 다른 말은 '일벌레'였다. 대부분 시간을 일에 쏟아부은 그들을 다들 일벌레라 불렀다. 그러나 최근의 역량자는 다르다. 일벌레보다는 '예술가'에 가깝다. 삶과 일을 구분하지 않고 자신이 하고 싶은 것들에 많은 시간을 쏟아붓지만 스스로 자유롭고 즐겁다고 느낀다. 대부분 만족스럽고 행복한 삶이라고 말한다.

기본은 주인의 삶을 선택하는 것이다

언밸런스의 삶을 사는 사람들이 어떻게 '일벌레'에서 '예술가'로 진화해 왔는가? 시대적 변화가 가장 컸을 것이다. 불과 10년 전까지만 해도 모두가 일벌레처럼 일해야 능력자가 되는 줄 알았다. 실제 그러한 조직문화를 따르는 사람들이 성공했다. 그러나 요즘은 그렇지 않다. 조직문화 자체가 개방형으로 변화했고 조직도 유연해졌다. 그 과정에서 일하는 시간과 에너지의 절대량보다 일하는 태도가 성취와 성공에 더 큰 영향을 미치게 됐다. 구체적으로 내가 지켜본 바로는 '주인의 가치관'을 가진 이들이 더 큰 성과를 내고 더 큰 성공을 이루었다.

'이 일을 왜 해야 하는가?' '어떻게 하는 것이 효과적인가?' 이런 질문을 먼저 하고 일을 하는 이들은 주도적으로 업무를 처리해 낸다. 나는 이를 '주인의 삶'이라 명명하고 싶다. 주인의 삶을 사는 이들은 많은 시간과 에너지를 일에 투여하면서도 스스로를 '일벌레'라 생각하지 않는다. 스스로 해야 할 일과 방법을 선택했으므로 '예술가'처럼 상당 시간을 일에 쏟아부어도 그 과정 자체를 즐긴다. 언밸런스의 삶을 즐기는 것이다.

'주인의 삶'은 하루아침에 만들어지지 않는다. 일하는 데 주인의 태도가 나타나기 위해서는 개인의 영역에서부터 주인의 삶을 살아야 한다. 스스로 주인의 삶이 무엇인지 고민하고 실천법을 찾은 이들이 일에서도 주인의 삶을 살 수 있다.

고백하건대 나는 철이 늦게 든 편이었다. 그래서 성인이 되고도 주인의 삶을 고민하고 실천하기까지 상당한 시간이 걸렸다. 스물일곱의 봄에 한 결혼은 내게 주인의 삶을 일깨워 준 소중한 계기였다.

결혼식 전날 어머니는 나를 조용히 부르신 후 당부의 말씀을 하셨다.

"내일부터 너는 나의 아들이기 전에 네 아내의 남편이다."

짧은 말이었으나 상당한 무게가 느껴졌다. 내게 어머니의 말은 "누군가의 아들로서야 지금처럼 천방지축 부족하게 살아도 그만이지만 누군가의 남편으로서는 더 이상 그렇게 살아서는 안 된다."라는 뜻으로 들렸다.

처음으로 나는 '이제 어른이 되는 것이다.'라는 자각을 하게 됐다. 더불어 '어른이란 무엇인가?' 하고 자문했다. 그때 내게 떠오른 것이 '주인의 삶'이었다.

갇히지 않은 열린 마음을 가져라

철이 들기 전에는 주변 사람들에게 영향을 많이 받고 때로는 휘둘릴 수밖에 없다. 그러나 어른이 되면 스스로 생각하고 스스로 대부분의 결정을 해 나가야 한다. 자기만의 세계관을 갖추고 자기 삶의 주인으로서 당당히 살아가는 것이다. 당시 나는 이러한 생각으로 '주인의 삶'을 사는 어른이 되기 위해 몇 가지 가치관을 세우고 결심을 했다. 그 내용을 정리해 보자면 다음과 같다.

우선 스스로에 대해 냉정한 시각을 유지하자고 마음먹었다. 나의 현재 생활과 태도를 직시하고 스스로 진단을 내릴 줄 알며 문제점을 찾아 스스로 개선해 가는 어른이 되고자 했다. 어렴풋하게나마 그 과정에서 성장과 성취를 이루리라 기대했다.

다음으로 긍정적인 마인드를 유지하자고 다짐했다. 특히 '변화'에 대해서는 되도록 낙관적으로 살피자고 마음먹었다. 미래를 설계하고 실현하는 강력한 추진력을 만들기 위해서는 무엇보다 긍정적인 자세가 필요하다. 어려움이 클수록 긍정적인 믿음도 커야 한다는 것을 일찍부터 알고 있었던 듯하다.

마지막으로 '갇히지 않은 열린 마음'을 유지하자고 생각했다. 요즘 말로 '꼰대'가 되지 않도록 노력하자는 말이었다. 물론 당시는 꼰대라는 말이 그렇게 유행하지도 않았고 부정적인 의미가 크지도 않았다.

20세기의 언어로 '꼰대'는 '늙은이'의 은어 정도였다. 그런데 21세기가 되고 새로운 세대가 태어나면서 무례하고 자신과 반대되는 의견을 못마땅하게 여기며 자신의 이야기만 옳다고 주장하는 어른을 부르는 말로 통하게 됐다. 게다가 최근에는 꼰대의 필요조건에서 '나이'가 삭제됐다. 권위적인 사고를 하고 본인의 말만 옳다고 강요하는 이들은 '젊은 꼰대'라는 자기모순의 단어로 불리기도 한다.

다행히도 사회초년생 시절 '꼰대'와는 거리가 먼 상사를 만나 많은 배움을 얻었다. 내가 대리와 과장이던 시절 그분의 직책은 전무였다. 글로벌 기업에서 경력을 쌓으며 오랜 해외 생활 후 삼성에 스카우트된 경우였다. 당시의 조직 분위기와 다르게 매사에 오픈마인드로 일과 사람을 대하는 모습이 몹시 인상적이었다.

나는 전무님을 모시고 해외 출장을 많이 다녔다. 그때마다 좋은 말씀으로 '상사의 책임과 자세'를 언급하며 솔선수범하는 선배가 되라고 가르치셨다. 그 밖에도 사회 생활의 기본이 되는 여러 지침을 알려 주시고 조직에서 성장하기 위해 고민해야 할 주제도 제시해 주셨다. 틈틈이 주신 말씀을 노트에 옮겨 적으며 고민을 더해 기록을 남겼다. 이후에도 종종 그 노트를 펼쳐 보며 마음을 다잡곤 했다.

그리고 20여 년 세월이 흘러 내가 사장 자리에 올랐을 때 전무님께 인사를 하러 갔다. 선물을 고민하다 당시에 정리했던 글들을 한 권의 앨범으로 만들어 감사의 마음을 담아 드렸다. 전무님은 "같은 이야기를 여러 사람에게 했는데 잘 받아들여 성장한 것을 보니 내가 잘한 것이 아니라 조 사장이 잘한 것"이라는 덕담을 해주셨다.

지금 생각해 보니 좋은 말씀에 귀기울이고 실천하려 애쓴 덕에 내가 되고 싶었던 선배의 모습으로 나이 들 수 있었던 것 같다. 열린 마음을 지키자는 다짐이 만든 결과가 아닐까 싶다.

아마추어와 프로의 차이를 깨달아라

마지막으로 현직 사장 시절에 신입사원들에게 했던 당부를 전할까 한다.

"학생과 사회인의 차이는 무엇일까요?"

학생은 돈을 내고 공부를 하지만 사회인은 돈을 받고 일을 한다. 이것을 나는 "아마추어와 프로의 차이"라고 설명한다. '금전적 보상'

이 주어지는 순간부터 '프로의 세계'에 서는 것이다. 따라서 사회인이 된 순간 아마추어의 가치관을 버리고 프로의 가치관을 배우고 새로 익혀야 한다.

사회인으로서 가치관을 세울 때는 세 가지 질문을 해보길 권한다.

첫째는 '내게 회사란 무엇인가?'이다. 흔히들 먹고살기 위한 곳이라고 한다. 누구는 더 나은 커리어를 위해 잠시 지나가는 곳으로 여기고 또 누구는 인생을 걸어볼 만한 곳이라고 여긴다. 중요한 것은 회사를 어떻게 생각하느냐에 따라서 일에 임하는 자세가 달라지고 인생이 바뀐다는 것이다. 회사를 어떤 곳으로 정의하고 나는 이 회사를 어떻게 대할 것인가? 진지하게 생각해 봐야 한다.

둘째는 '회사에서 나는 누구인가?'이다. 말단 사원은 힘이 없다고 한다. 틀린 말은 아니다. 그러나 세상의 모든 CEO가 말단의 시기를 거쳤다. 나 역시도 그랬다. 학벌이 좋고 능력이 좋아 중간 간부 타이틀을 달고 조직에 입성하는 이들도 있다. 하지만 그들 역시 처음부터 리더십을 발휘한 것이 아니다. 이 말인즉슨 회사에 들어온 순간 모두가 'CEO 후보군'에 편입되는 것이다. 스스로가 어떤 사람인지 이 기준에서 생각해 보길 권한다. 조직에서 CEO 후보군으로 대접하는 자신을 자신은 어떻게 대하고 있는가?

셋째는 '나의 역할, 즉 내가 해내야 하는 일은 무엇인가?'이다. 조직에서 흔히 "주인의식을 가져라."라는 말을 듣는다. 신입사원 때는 이 말에 수긍하기가 쉽지 않다. 자신이 하는 일이 마뜩잖고 가치 있는 일이라고 느껴지지 않을 수 있다. 그러나 만일 자신이 CEO 후보군이라면 어떻게 하겠는가? 회사에 문제가 있으면 적극적으로 의견을 개진하고 바꾸려 노력할 것이다. 선배와 조직에 의견을 내고 좋은 회사가 되도록 솔선수범할 것이다. 그런 역할들을 감당한다면 그 조직이 나의 조직이 되고 그 회사가 나의 회사가 되지 않겠는가? 사회인으로서 가치관을 세우는 일은 당장 내가 몸담은 조직에서 어떤 태도와 자세를 갖출 것인가에 대한 답을 알려준다. 그리고 그 답이 사회인으로서 갖출 기본기를 만들어준다.

우리가 사는 세상은 '자본주의' 사회다. 냉정하게 돈으로 유지되는 세상이다. 그 기준으로 보자면 삶은 일에 뿌리를 두고 있는 나무에 비유할 수 있다. 일을 통해 돈(양분)을 벌어야만 삶(열매)을 누릴 수 있기 때문이다. 워라밸을 강조하고 희망하는 이들은 삶과 일을 분리해 이를 저울에 달려 하지만 현실적으로 불가능하다. 현실에서 성공한 이들은 일에 집중해서 나무를 풍성하게 만들었다. 이를 깨닫지 못하고 삶을 일에서 분리하려고만 한다면 줄기가 베어진 나무처럼 아무것도 이루지 못할 것이다.

풍성한 열매를 얻기 위해서는 일찍부터 충분한 영양분을 뿌리에 공급해야 한다는 것을 기억하라. 인생에서 성공을 이루는 이치도 이와 다르지 않다.

2
나만의 성공 기준을 마련하라

남의 기준이 내 기준이 돼서는 안 된다

경제 용어 사전에서 '경제적 자유'란 개인이 스스로의 의지로 경제생활을 할 수 있는 자유를 말한다. 경제적 자유는 소비자와 생산자의 자유를 포함한다. 그러나 현실에서 경제적 자유란 '돈 걱정 없는 삶'을 말한다. 교육과 노동의 1차 목표가 '생존을 위한 수입'이다 보니 '경제적 자유'를 꿈꾸는 이가 대부분이다. 그런데 흥미로운 것은 경제적 자유의 이유 혹은 목표를 물어보면 제대로 대답하는 사람이 많지 않다는 것이다.

"10억 원이 있다면 무엇을 하겠는가?"

이 정도 질문이면 "집을 산다." "차를 바꾼다." "세계 일주를 한다."

라는 대답이 곧잘 나온다. "회사를 그만두겠다."라는 대답은 잘 나오지 않는다. 고물가 시대이다 보니 나머지 생을 위한 금액으로 10억은 부족하다는 설명이다. '월급'이라는 고정수익을 포기하기에는 이르다고 한다.

"그럼 100억 원이 있다면 무엇을 하겠는가? 아니, 돈이 무한히 많다면 무엇을 하겠는가?"

이 정도면 "회사를 그만두겠다."라는 답이 나온다. 그런데 이후에는 약간의 정적이 흐르는 경우가 많다. "회사를 그만두고 무엇을 할까?"라는 질문에서 또 다른 고민이 시작된다. 구체적인 모습을 떠올리지 못하는 경우가 대부분이다.

"성공이란 무엇인가?"라는 질문에 대한 반응도 비슷하다. 로또 당첨을 바라는 사람들보다 더 많은 사람이 성공을 꿈꾸지만 그것이 무엇인지 구체적으로 고민해 본 사람은 거의 없다.

바라는 것이 정확히 무엇인지 모를 때 하는 가장 쉬운 행동은 '남들은 무엇을 하는지 지켜보는 것'이다. 그리고 여기서 문제가 시작된다. 자신의 기준, 나아가서는 가치관이 명확하지 않은 사람은 남들의 모습을 보다가 남들의 기준과 가치관에 쉽게 동화되고 만다. 요즘처럼 SNS나 유튜브로 이미 남의 삶을 오래도록 지켜봐 온 상황에서는 동화 속도가 굉장히 빠르다. 옆집이 타는 차, 직장 동료가 사는 아파트, 동창생 아이들이 다니는 학원에 목숨을 걸고 그것이 성공의 기준이 되기도 한다. 비교소비가 시작되는 순간 불만족과 불행도 시작된다.

기준이 명확한 성공 목표를 가져라

자신만의 기준을 만들기 위해서는 어떻게 해야 할까? 상상력을 발휘해야 한다. 구체적인 모습을 그려보며 현재 내 모습과 어떤 부분에서 얼마만큼 차이가 있는지 점검해 본다. 그 차이를 좁히는 것이 나의 숙제가 될 것이다. 잠깐 눈을 감고 상상해 보자. 인생의 결승점에서 어떤 모습으로 서 있고 싶은가?

내가 젊은 시절 꿈꿨던 성공은 사회적으로 영향력을 갖춘 자리에서 리더십을 발휘하는 것이었다. 가정에서는 아이들을 잘 교육해 온전한 사회인으로 키워내고 싶었다. 이런 기준을 두고 조직에서 성장을 준비했고 아내와 아이들의 교육을 의논했다. 이렇게 성공한 자신의 모습을 그려 보는 것으로 일상의 사소한 의사결정을 내릴 때도 많은 도움을 받았다.

30대 중후반 늦깎이 대학원생으로 대전에 내려가 살 때 일이다. 회사에서 보내준 MBA를 마무리할 즈음 나와 아내는 복귀 전에 하고 싶은 것들을 정리해 보았다. 회사로 돌아가면 눈코 뜰 새 없이 바빠질 테니 이참에 욕심을 내보자는 거였다. 그때 아내와 나는 아이들과 유럽 여행을 가고 싶었다. 보름이 넘는 기간 유럽 여러 나라를 방문하는 코스였다. 지금같이 해외여행이 일상화된 시기가 아니다 보니 그 자체로 큰맘을 먹어야 했다. 게다가 금액도 만만치 않았다. 우리 집의 반년 치 생활비였다. 그러나 '우리에게 이런 시간이 다시 돌아올까?' 하는 생각에 질러보기로 했다.

당시 내가 꿈꾸는 성공은 돈보다는 사회적 위치와 가정의 안녕에 달려 있었다. 돈은 나중에 벌 수도 있을 것이다. 하지만 해외에서 배우고 나누는 경험은 또 불가능할 것 같았다. 특히 아이들은 금방 자랄 테니 또 언제 시간을 낼까 싶었다. 지금도 우리 가정은 그날의 선택을 매우 잘한 결정으로 평가한다. 유럽에서 많은 건축물과 예술작품을 감상하며 역사적으로 문화적으로 새로운 인식을 갖는 계기가 됐고 귀한 추억을 남겼기 때문이다.

가끔 나는 결정을 못 해 고민하는 이들에게 나의 사례를 이야기해준다. 세상에 절대적 기준은 없다. 모두 다 각자의 상황에서 최선을 선택할 뿐이다. 그러나 주니어들은 삶 자체가 어떻게 흘러갈지 막막해 구체적인 이미지를 그리기 어렵다고 하기도 한다. 그럴 때는 어렴풋하게나마 자신에게 중요한 가치의 우선순위를 정해서 기준으로 삼을 것을 권한다. 지위든 돈이든 가정의 모습이든 '성공의 의미'에 부합하는 것들을 정하고 거기에 집중하면 된다.

다행히 나는 '큰 부자가 되고 싶다.'라는 욕심까지는 없었다. 그래서 경제적으로 큰 성취를 이루지는 못했을지 모른다. 그러나 돈 욕심이 적었던 덕분에 내게 주어진 일과 직분에 충실했고 사람들과의 관계도 돈독하게 유지할 수 있었다. 내 기준에서는 불만족할 이유가 없는 것이다.

'기준이 명확한 성공 목표'를 갖게 되면 특정 분야에 집중할 수 있고 타인과 자신을 비교하며 속이 쓰린 경험도 줄일 수 있다. 원하는 분야의 성공 가능성도 높여주므로 일거양득이다.

셀프 업그레이드로 몸값을 올리는 게 재테크다

"저는 경제적으로 성공하고 싶습니다! 비법을 알려주세요."

요즘 솔직한 주니어들은 서슴없이 묻는다. 그럴 때는 나도 자세를 고쳐 앉고 구체적인 대답을 해준다.

"우선 얼마의 돈을 어느 정도 기간에 벌고 싶은지를 정합니다. 그리고 목표한 돈을 벌 방법을 찾아서 실행하면 됩니다."

너무 간단한 답변에 맥이 빠질 수도 있다. 하지만 나 역시 그 이상의 답을 갖고 있지는 않다. 다만 실행력을 높이는 몇 가지 팁은 줄 수 있다.

경제적 성공을 위해 사회초년생 시절에는 저축만한 것이 없다. 손해가 없기 때문이다. 재테크라는 말이 일상어가 되다 보니 '투자'가 필수라고 생각한다. 맞는 말이다. 그러나 초보 투자자일수록 투자의 양면을 반드시 인지해야 한다. 모든 투자가 수익으로 연결되는 것이 아니다. 대표적으로 최근 코로나19 이후 금리 인상기에 찾아온 대폭락장을 보라. 주식, 부동산, 코인까지 가격이 내려가지 않은 것이 없다. 3,000포인트까지 올라갔던 코스피가 2,000포인트까지 떨어지면 3,000만 원짜리 주식계좌에 2,000만 원만 남게 된다. 손실이 날 수 있다는 것에 대한 이해 없이 투자의 세계에 뛰어들어서는 안 된다.

그럼 어디서 목표한 돈을 벌까? 셀프 업그레이드로 몸값을 올리는 것이 가장 좋은 재테크다. 특히 사회초년생일수록 급여를 올리는 데 집중해야 한다.

개인적 호기심 때문에 지인들에게 "평생 먹고살 기술(기능)을 언제 얼마의 기간에 걸쳐 습득했는가?"라는 질문을 해본 적이 있다. 알려진 대로 소위 말하는 '사' 자 직업군인 의사와 변호사 그리고 선생님 등은 전문가 자격을 얻기 위해 최소 4년에서 10년이 걸린다. 그렇다면 일반인은 어떨까? 여러 지인에게 물어보았다. 수십 명에게 들은 대답은 "사회초년생 시절인 3년에서 5년 동안 배운 기술(기능)로 10년에서 30여 년의 기간 동안 먹고살았다."라는 것이었다. 또한 하나 같이 당시의 배움이 일생의 수입과 업무 만족도에 커다란 영향을 미쳤다고 답했다. 현재의 수입에 만족하지 못하는 이들일수록 사회초년생 시절에 더 큰 노력과 집중력을 쏟지 못한 것을 아쉬워했다.

물론 셀프 업그레이드를 위해서는 공부와 훈련이 필요하다. 일과 시간에 업무를 해서 3년이 돼야 익힐 것들을 야근과 주말 시간을 이용해 1년 안에 마스터해 보라. 초과 시간에 수당이 붙고 안 붙고를 따지는 것은 하수가 하는 일이다. 기대할 수 있는 가장 큰 수익은 능력을 갖춘 사람으로 업그레이드됐을 때 자신이 벌어들이는 수입이다.

흔히 갖는 오해 중 하나가 능력과 연봉이 비례한다는 것이다. 능력이 1에서 2로 올라간다면 급여도 2배 올라간다는 식이다. 현실은 그렇지 않다. 수요와 공급의 원칙이 더 크게 작용한다. 능력이 1에서 2로 올라간다면 급여는 1에서 4로 올라갈 가능성이 더 크다. 100만 원짜리 시계 A와 1,000만 원짜리 시계 B가 있다고 가정해 보자. B는 A보다 10배 좋은 시계일까? 아니다. 기능적으로 기껏해야 2~3배에 지나지 않을 것이다. 그러나 B를 원하는 고객이 많아서 가격이 비싸지는 것이다. 고임금 사회로 갈수록 조직의 급여체계도 이와 비슷해진다. 올라갈수록 탄력적으로 상승한다. 자신을 업그레이드하는 노력에 비해 급여는 더 높게 상승한다.

게다가 셀프 업그레이드는 '리스크'가 없다는 장점도 있다. 수 세기 디아스포라를 경험했던 유대인들은 절대로 남들에게 빼앗기지 않을 유산을 물려주기 위해 '교육'에 힘을 쏟았다고 한다. 우리네 속담에도 "황금 천 냥이 자식 교육만 못하다."라는 말이 있다. 자신을 업그레이드하는 것은 어떤 재테크보다 높은 수익률을 만들 수 있는 지름길이다. 결코 손해가 없다. 절대 '쪽박'을 찰 일이 없으며 '벼락거지'가 되는 일도 없다.

자테크로 성장의 순간을 경험하라

물론 스스로를 업그레이드하는 '자自테크'는 하루에도 100~200%씩 수익이 난다는 코인 투자에 비하면 지루한 게임일 수는 있다. 그러나 확실한 것은 노력한 만큼 반드시 결과가 나고 가끔은 행운도 찾아온다. 더불어 성장의 순간을 경험하는 보람과 기쁨을 맛보게 된다.

부끄럽지만 나는 이렇다 할 재테크를 해보지 못하고 오늘에 이르렀다. 젊을 때는 유행 따라 증권사를 기웃거리기도 했지만 결과는 번번이 마이너스였다. 그래서 일찌감치 '이 길은 내 길이 아닌가 보다.'고 포기해 버렸다. 부동산 열풍이 불 때도 집안 살림은 아내에게 맡기고 신경을 쓰지 못했다. 그럼에도 경제적으로 부족함 없이 살게 된 것은 자테크를 통해 성장의 순간을 경험한 덕분이다.

2000년을 앞두고 삼성그룹 경영진단팀에서 일하고 있었다. 삼성그룹 산하 각사에 대해 사업전략과 경영실태를 점검하여 문제점과 대책에 관한 보고서를 내는 일이었다. 세상에 쉬운 일이 어디 있겠냐마는 경영진단 업무는 내게 너무도 어려운 일이었다. 한 달 동안 해당 회사에 파견돼 의견을 청취하고 개선 방안을 정리해 보고서를 썼다. 그런데 회장께 보고되는 최종 보고서에는 단 한 줄도 인용되지 않았다. '부장'이라는 직함이 부끄러웠던 시절이다. 많은 고생을 하면서 4년간 경영진단 업무를 했는데 처음부터 끝까지 스스로를 업그레이드하고자 안간힘을 썼다. 그리고 경영진단을 마친 후에는 내가 진단한 기업의 미래를 스스로 책임지겠다는 생각에 해당 기업의 주식을 1,000주씩 사기도 했다.

경영진단팀에서 근무한 후에는 6년간 일본법인장으로 근무했다. 한국으로 복귀하고 주식계좌를 열어보고 깜짝 놀랐다. 6년 전에 사두었던 주식이 10배 이상 올라 있었던 것이다. 이전에도 이후에도 나는 주식을 통해 이만한 수익을 올린 적이 없다. 그야말로 자테크만 해온 내게 찾아온 최대의 행운이었다.

당시 나는 내게 찾아온 행운을 이렇게 이해했다.

'경영진단을 했던 기업이 그 후 제대로 성장했다. 그것은 당시 내가 제시했던 진단 내용과 대책이 틀리지 않았다는 것을 의미한다. 스스로를 채찍질하며 보낸 고된 시간이 절대 헛되지 않았구나.'

성장의 순간을 체감하는 것은 가슴이 뻐근해지는 경험이기도 하다. 자테크를 하는 과정에서 이러한 순간을 많이 체험해 보길 권한다.

내일 열매를 맺으려면 오늘 씨앗을 뿌려라

마지막으로 성공이라는 아웃풋을 위해 언제 인풋을 넣어야 하는지 이야기해 보고자 한다. C. S. 루이스의 저서 『스크루테이프의 편지』에는 경험이 많고 교활한 고참 악마의 편지가 담겨 있다. 조카인 풋내기 악마에게 인간을 유혹하는 방법을 알려 준다.

"인간에게 계획을 하게 하라. 정말 좋은 계획을 하게 도와줘라. 그리고 내일부터 하게 하라. 인간에게 내일은 없다."

대학생 때 일이다. 어영부영 대학생이 되고도 공부가 어려운 줄 몰랐다. 대학교 1학년이 듣는 수업이라야 원론에 가깝고 고등학교 때 배운 내용에서 크게 벗어나지 않았다. 공부를 안 해도 성적은 나쁘지 않았다. 그러나 학년이 올라가면서 상황이 달라졌다. 전공과목이 점차 어려워졌다. 그럴수록 중간고사나 기말고사는 빠르게 돌아왔다. 어느 날부턴가 정신을 차리고 공부해 보려 했으나 그때쯤 되니 나쁜 습관이 몸에 배어 잘 고쳐지지 않았다. 친구들과 공부하겠다고 모여서는 게임만 하다가 밤을 새웠다. 그렇게 하루를 미루고 또 하루를 미루다 시험 날을 맞곤 했다. 『스크루테이프의 편지』를 읽는데 지금 생각해도 부끄러운 그때가 떠올랐다. 내일이 없는 삶이 어떤 결과를 가져오는지 대부분은 경험을 통해 알고 있을 것이다.

해가 지고 다시 해가 뜨면 또다시 오늘이다. 인간의 삶에는 내일이 없다. 열매를 기다리고 싶다면 오늘 씨앗을 뿌려야 한다. '계획했던 멋진 하루'와 같은 내일은 절대 오지 않는다는 것을 명심하자.

대안 없는 문제 제기가 나를 망친다

삶을 더 나은 방향으로 설계하고 실천하라

언제부터인가 우리 사회 곳곳에서 '헬조선'이라는 말이 들려온다. 지옥을 뜻하는 헬hell과 대한민국의 옛 국명인 조선朝鮮을 붙여 만든 이 신조어는 그 쓰임이 상당하다. 언론에서는 헬조선이라는 한 마디로 우리 사회의 모든 위기를 축약해 보여준다. MZ세대는 부동산 가격이 치솟아 집을 장만하기 어렵고 사교육비 때문에 아이를 낳을 엄두를 내지 못한다는 내용이 쏟아진다. 거기에 '지금의 20~30대는 대한민국 역사상 앞선 세대보다 가난하게 사는 첫 번째 세대가 될 것'이라는 암울한 예고까지 더해진다. 이쯤 되면 아무리 굳건한 낙관주의자도 대한민국의 미래에 대한 희망을 내려놓을 수밖에 없다.

물론 우리 사회의 모든 세대가 위기를 겪어보지 않은 것은 아니다. 각각의 세대가 전쟁, 가난, 경제 위기 등 고난을 겪었다. 그럼에도 미래에 대한 희망은 포기하지 않았다. 하지만 지금 주니어들은 현재의 문제에 절망하고 미래가 없다고 아우성치고 있다. 자신이 서 있는 공간을 지옥이라고 부를 만큼 좌절감을 가감 없이 드러낸다. 왜 이 지경까지 됐는가, 생각을 해 본 끝에 내가 찾은 대답은 '좁혀지지 않는 이상과 현실의 괴리'였다.

우리의 이상을 점검해 보자. 공정과 상식은 지난 수년간 우리 사회가 목소리를 높인 가장 중요한 가치였다. 공교육의 영향도 컸다. 초등학교 때부터 차별과 불이익에 맞서 정당한 목소리를 내야 한다고 가르친다. 자유와 행복을 침해하는 것에도 분명하게 목소리를 낸다. 차별과 불이익에 대해서는 두말할 필요가 없다.

그런데 우리의 현실은 어떠한가? 직업에는 귀천이 없다고 하지만 우리 사회에는 엄연히 좋은 일자리와 나쁜 일자리가 존재한다. 그리고 좋은 일자리는 그 수가 많지 않다. 2023년 정부에서 발표한 통계에 따르면 대기업 정규직의 비율은 전체 일자리의 12%도 되지 않는다. 88%가 넘는 일자리가 대기업 비정규직, 중소기업 정규직과 비정규직이다. 대기업 정규직과 비교했을 때 급여와 근무 환경이 좋지 않다. 모두가 좋은 것을 원하지만 나눌 것이 많지 않은 것이 현실이다.

이처럼 이상과 현실의 괴리가 크다. 당장 그 괴리가 좁혀질 기미도 보이지 않는다. 게다가 개인이 할 수 있는 역할도 굉장히 제한적이다. 남아 있는 자유란 자신의 삶을 더 나은 방향으로 설계하고 실천하는 것뿐이다. 사실 이것은 젊은 세대뿐만 아니라 이 땅에 함께 살아가는 모두의 과제이기도 하다.

그나마 다행인 것은 자유와 평등의 가치가 살아 있다는 것이다. 많은 역사학자가 현재 대한민국이 지난 5,000년 역사 중 가장 부유한 시대이자 자유로운 시대라고 말한다. 압축 성장의 시대를 넘어오면서 절대적 빈곤에서 벗어났고 많은 사회안전망도 갖추었다. 신분의 격차가 없고 자신의 삶을 선택하고 변화시킬 자유도 남아 있다.

'그렇다면 우리는 어떤 선택을 해야 할까?'

유색인종을 증오해 살인까지 저지른 백인 우월주의자를 다룬 영화 「아메리칸 히스토리 X」에서 주인공은 죄를 저지르고 교도소에 들어갔다. 한 흑인이 그에게 물었다.

"당신이 한 행동들이 당신의 삶을 더 나아지게 만들었는가?"

비로소 자신의 잘못을 깨달은 주인공은 눈물을 흘렸다.

세상을 비판하고 자신의 삶을 비관하는 이들에게 같은 질문을 던지고 싶다.

세상을 어떻게 바라보는지가 중요하다

최근 대기업 임원들 사이에 '3요 주의보'란 말이 돈다고 한다. 업무 지시에 대해 "이걸요?" "제가요?" "왜요?"라고 되묻는 젊은 직원의 흔한 반응을 일컫는 말이다. 고참 임원들은 이런 직원들에게 "생각이 없고 무례하고 이기적이다."라는 비판을 가하기도 한다.

나는 젊은 친구들이 그러한 반응을 보이는 데는 이유가 있다고 생각한다. 생각은 태도에서 드러난다. 평소 '이건 현실적으로 불가능해.' '이익도 없는 일을 하지 말자.'라고 생각하고 있다 보니 3요가 습관처럼 튀어나오는 것이 아닌가 싶다. 그렇다면 이러한 비관적인 태도는 어디서 오는가?

21세기가 되면서 인간의 '편향'을 다룬 책들이 많이 출간됐다. 어떤 사건이나 일의 결과에 대해서 마치 사전에 결과를 예측했던 것처럼 생각하는 '사후 확증 편향hindsight bias', 바꾸려는 선택이나 행동이 현재 상황보다 이득이 없다며 현 상태를 유지하려는 '현상 유지 편향status quo bias', 권위 있는 사람의 말을 그대로 믿고 따르는 '권위 편향authority bias' 등이 자주 언급된다. 이로써 인간이 이성적이라는 기대는 버려졌다. 마찬가지로 과도한 공격성, 지위와 평판에 대한 지나친 의식, 이상과 현실 사이의 인지부조화 등도 비합리적 사고의 결과물이라고 한다.

중간 관리자로 있을 때 유능했던 후배가 사표를 들고 찾아왔다. 상사이기 이전에 선배 입장에서 후배의 퇴사 결정은 대부분 합리적인 결정이 아니었다. 회사라는 간판을 벗어나 자기 사업을 하고 싶다고 했다. 그 친구의 그릇과 자질로 보았을 때 설익은 감이 컸다. 오지랖을 피우던 나는 가족들에게 손 편지까지 써가며 퇴사를 만류했다. 그러나 후배는 퇴사했고 그의 소식을 다시 들은 것은 몇 해가 지나서였다. 사업 포트폴리오와 제안서를 들고 나를 찾아왔다. 이야기를 들어보니 회사 경영이 매우 좋지 않았다. 그럼에도 후배는 사업을 포기하지 못하고 있었다.

"고등학교를 졸업하고 사업으로 성공한 동창들이 몇몇 있었어요. 그 친구들도 하는 걸 보니 저도 잘할 줄 알았습니다. 지금은 조금 어려운데요. 이번에 도와주시면 달라질 것 같아요. 그 친구들이 하는 건 장사 수준이지만 제가 하는 건 사업이거든요!"

그 후배의 사업은 '자기 합리화'만큼 잘되지 않았다. 후배의 비합리적 사고가 실패의 가장 큰 원인이었다. 비합리적인 인간은 '보이는 대로' 보는 것이 아니라 '보고 싶은 대로' 본다. 물컵에 물이 절반쯤 있을 때 "절반이나 남았네."라고 할 수도 있고 "절반밖에 없네."라고 말할 수도 있다. 어느 쪽이든 현실에 감정을 섞는 것은 마찬가지다. 중요한 것은 세상이 어떠한가가 아니다. 내가 어떻게 세상을 바라보는가다.

위기의식을 가진 긍정론자가 돼라

뇌과학을 다룬 책에서는 대부분의 사람이 편향을 포함한 '비합리성의 렌즈'를 끼고 있다고 한다. 정도는 옅더라도 이물질이 묻어 있거나 특정 색깔로 오염되어 있는 경우도 다반사다. 인간의 뇌가 가진 특성상 비합리성의 렌즈를 완전히 제거할 수는 없지만 오염도를 줄이고 이왕이면 삶에 도움이 되는 렌즈로 교체할 필요는 있다.

가장 나쁜 건 편향에 휩싸인 비관론의 렌즈다. 비이성적 판단으로 현실과 앞날을 암울하게 그린다. 이런 팀원은 조직에서 함께 일하기가 매우 어렵다. 경험해 본 적이 있다면 알 것이다. 오죽하면 "이끌거나, 따르거나, 떠나거나!"라는 회사 표어가 나왔겠는가!

그렇다고 마냥 긍정론의 렌즈가 좋은 건 아니다. 사회에서 만나는 낙관론자는 천성적으로 성격이 낙관적인 사람이다. 돌발 상황에 대비하고 준비하는 데 집중하지 않는 경우가 많다. 대책 없이 낙관적으로 생각하는 사람은 함께 업무를 추진하기가 어렵다.

가장 좋은 것은 위기의식을 가진 긍정론의 렌즈다. 실천파는 위기가 올 거라고 많이 느끼고 대책을 세운다. 나 역시도 위기에 처한 사업을 맡을 때마다 나름대로 최선을 다해 대책을 세운 후에는 '대책을 세웠으니 잘되겠지.'라고 스스로 세뇌하며 일을 추진해 나갔다. 나 자신에게 "넌 서니 보이Sunny Boy야."라고 말하며 힘든 시간을 버텼다.

앤절라 더크워스 펜실베이니아대학교 심리학과 교수의 저서 『그 릿』에는 '시련'이 어떤 이에게는 성공의 씨앗이 되고 어떤 이에게는 삶을 포기하는 좌절이 되는 이유를 밝힌 실험을 소개했다. 청소년기에 해당하는 생후 5주가 된 쥐들에게 전기 충격을 주었다. 전기 충격을 그대로 수용해야 했던 쥐들은 공포를 느끼고 퇴보했다. 반면 버튼을 눌러 전기를 통제할 수 있었던 쥐들은 놀라운 자기 회복력을 보여주었다. 스스로 노력으로 상황을 통제할 수 있는 경우에 시련은 강인한 성장 요인으로 작용했다. 위기의식을 갖고 상황에 맞게 대처하는 낙관론이 세상을 살기에 얼마나 좋은 렌즈인지 알려주는 대목이다.

좋은 태도는 매일 연습해야 얻어진다

사람들은 좋은 태도를 강조한다. 태도가 습관을 만들고 습관이 삶을 만들기 때문이다. 그렇다면 좋은 태도는 어디서 오는가? 생각과 연습에서 온다. 삶을 바꾸려면 먼저 생각을 바꾸고 행동으로 연습해야 한다. 많은 사람이 생각은 자연스럽게 떠오르는 것으로 통제나 변화가 어렵다고 하는데 그렇지 않다. 생각을 바꾸는 것은 가능하다. 또한 이를 생각에서 멈추지 않고 행동으로 바꾸는 연습을 하면 비로소 '좋은 태도'가 만들어진다.

십수 년 전 삼성 재직 시 구조적 적자를 흑자로 전환하는 것이 불가능해 보이는 사업을 붙들고 경영 정상화를 위해 매달리던 시절이 있었다. 그야말로 몸으로 부딪치면서 안 되는 현실과 싸워야 했다. 처음에는 힘들다는 생각에 절어 있었다. 그러던 어느 순간 이대로는 도저히 안 되겠다는 각성에 이르렀다. 나의 힘들다는 생각 때문에 주변에 나쁜 영향을 미치는 것은 아닌가 하는 우려가 되었다. '리더가 매일 얼굴을 구기고 나쁜 감정에 사로잡혀 있다면 어느 조직이 미래에 관해 기대하고 열심히 달려갈 수 있겠는가?'

나는 마음을 고쳐먹었다.

'그래 죽기 살기로 하다가 안 되면 죽지 뭐!'

두려움을 내려놓자 '죽을 수도 있지만 살 수도 있지.'라는 긍정적인 생각의 물꼬가 트였다. '문제를 해결하다 보면 좋은 날이 반드시 올 거야.'라는 긍정적인 미래를 상상하자 사라졌던 여유도 되찾을 수 있었다.

생각을 고쳐먹은 후 나는 말과 행동을 바꾸었다. "이래저래서 안 된다."라는 말보다 "이렇게 저렇게 하면 되지 않을까?"라는 말을 했다. 목소리 톤도 조절하고 표정도 가다듬었다. 모든 것을 '일부러' 했다. 매일매일 연습하며 문제를 해결해 나가자 회사도 원하던 방식으로 정리가 됐다. 지금은 그날의 고생을 후일담으로 말할 수 있게 됐다.

좋은 상황에서 좋은 태도를 보이는 것은 쉽다. 그러나 나쁜 상황에서도 좋은 태도를 보이는 것은 어렵다. 그래서 숨이 턱 끝까지 차올라 혼자서는 한 발도 더 내디딜 수 없다고 느껴질 때일수록 연습을 통해 생각과 태도를 고쳐야 한다.

"상상해 보라. 당신이라면 자신이 머문 곳이 지옥이라고 단정하고 희망을 포기하는 사람에게 천국의 문을 열어주고 싶겠는가?"

매일매일 좋은 태도를 연습해야 하는 이유다.

2장

인생의 로드맵을 짜라

1

가슴을 뛰게 하는 크레이지 아이디어를 가져라

나만의 성공 스토리를 만들 '미친 생각'을 하라

막 세계 일주를 시작한 청년이 하와이에서 서핑을 즐기며 시간을 보냈다. 그는 하와이의 청량한 날씨에 반해 좀 더 머물기로 했고 돈을 벌기로 마음먹었다. 가장 쉬운 것은 방문판매 일이었다.

"여러분은 백과사전을 판매하는 게 아니에요. 인류가 축적한 방대한 지식의 개요를 판매하는 겁니다."

그는 선임들의 가르침을 받들어 백과사전을 팔기 시작했다. 그러나 곧 난관에 부딪혔다. 고객의 문전박대를 견딜 수 없었다. 학생 시절 야구팀에 들어가지 못했단 이유로 2주나 우울한 날을 보낸 전력이 있었다. 소심한 성격에 사람들에게 거절당하면 쉽게 상처를 입곤 했다. 좌절한 청년은 백과사전 판매를 그만두었다.

몇 년 후 청년은 다시 판매 일을 시작했다. 그가 선택한 것은 '신발'이었다. 직접 일본에서 공수해 온 신발을 팔기 시작했다. 사람들의 반응은 다르지 않았다.

"이봐 세상에 흔해 빠진 게 운동화야!"

스포츠용품점에서도 거절이 이어졌다. 그는 고객을 직접 만나는 형태로 판매 방법을 바꾸기로 했다. 모든 육상대회에 찾아가겠다는 각오로 코치, 선수, 팬들을 만났다. 자신이 가져온 신발을 직접 보여주며 그 자리에서 주문을 받았다.

'백과사전을 제대로 팔지 못했고 심지어 외판 일을 싫어했던 내가 신발을 파는 일은 어떻게 좋아할 수 있었을까?'

나이키 창업자 필 나이트Phil Knight는 자서전 『슈독』에서 확실한 답변을 들려준다.

"그 일은 단순히 제품을 파는 일이 아니었기 때문이다. 나에게는 달리기에 대한 믿음이 있었다. 사람들이 매일 밖에 나가 몇 킬로미터씩 달리면 세상은 더 좋은 곳이 될 거라고 믿었다."

그는 자신만의 역사를 만들 수 있었던 것이 이러한 '미친 생각Crazy Idea' 덕분이라고 했다. 반세기 뒤에 우리는 그의 '미친 생각'을 '비전'이라는 이름으로 부르고 있다.

'보이지 않는 것'을 보는 사람이 한계를 넘어선다

새로운 일을 시작할 때 기쁨과 설렘을 느끼기도 하지만 걱정과 두려움을 경험하기도 한다. 성취, 사회적 위상, 금전적 보상에 기쁘기도 하지만 앞날에 대한 걱정과 두려움이 더 크게 다가온다. 이러한 감정은 인간의 본질과 닿아 있다. 인간은 불안을 품고 태어난다. 불안은 불신과 한 몸이다. 미래는 알 수 없고 잘해낼 거라는 신뢰마저 없다면 불안은 더 커진다.

그런데 신기하게도 우리 중 몇몇은 걱정과 두려움에 사로잡힐 그때 기쁨과 설렘으로 충만하다. 그들은 친구를 만나지도 않고 운동도 하지 않고 사교 활동도 하지 않는다. 그럼에도 생활에 만족한다. 삶의 균형이 잡혀 있지 않지만 개의치 않는다. 오히려 훨씬 더 심한 불균형을 원한다. 자신의 일에 오롯이 몰두하고 싶은 마음뿐이다.

누가 봐도 신기한 이들에게는 어떤 남다른 점이 있는 것일까? 많은 연구가가 그들 마음속 깊은 곳에 '비전'이 살아 숨쉬고 있다는 공통점을 발견했다. 영영사전에서 확인할 수 있는 비전vision의 첫 번째 뜻은 '보는 능력the ability to see'이다. 다음으로 '마음속으로 상상하는 어떤 것something that you imagine, a picture that you see in your mind'이라 설명한다. 비전을 품은 이들은 실제 '보이지 않는 것'을 본다. 짧게는 10년에서 길게는 30년 혹은 50년 뒤에 자신이 거머쥘 거대한 성공과 성취를 생생하게 그린다. 덕분에 그들은 자신의 한계를 잊고 세상 사람들의 이야기에 신경 쓰지도 않으며 멈추지도 않는다.

인생 경영에도 원대한 비전이 필요하다

비전의 유무는 일과 삶의 태도에 직접적인 영향을 미친다.

"지금 당신은 무슨 일을 하고 있소?"

돌을 깎는 세 명의 석공에게 물었다.

"나는 이것으로 생계를 유지하고 있습니다." 첫 번째 석공이 답했다. "나는 이 나라에서 제일 훌륭한 석공 일을 하고 있습니다." 두 번째 석공이 답했다. "나는 사원을 짓고 있습니다." 세 번째 석공이 신앙인으로서 하나님의 뜻을 펼친다는 비전을 담은 눈빛으로 답했다.

경영학의 아버지로 불리는 피터 드러커는 저서 『경영의 실제』에서 '석공의 우화'를 소개하며 비전을 품은 세 번째 석공만이 진정한 경영자라고 기술했다. 첫 번째 석공이 돌을 깨는 이유는 간단하다. '하루치 보수에 적합한 하루의 일'이기 때문이다. 그는 그러한 목적밖에 없기에 이룰 수 있는 것이 없다. 두 번째 석공은 뛰어난 '장인정신'의 소유자다. 그러나 기능적인 업무가 목적이 되는 한계에 머물러 있다. 전체적인 시각에서 비전을 확인하지 못한다. 세 번째 석공은 남다르다. 비전을 가지고 있기 때문이다. 원대한 비전 덕분에 그는 목표를 향해 일관성 있게 나아갈 수 있다.

21세기 최고의 혁신가로 불리는 일론 머스크 역시 '원대한 비전'으로 유명하다. 1995년 집2Zip2 창업을 시작으로 2022년까지 10개 회사의 대주주가 됐는데 7개 회사의 문을 직접 연 연쇄창업가다. 그중 2002년 설립한 스페이스X는 우주선 가격을 10분의 1로 줄이겠다는 목표로 재사용 가능한 우주선 팰컨9을 개발했고 창립 20주년인 2022년 6조 원의 매출을 기록했다. 2004년 인수한 테슬라는 2023년 기준 연간 180만 대의 전기자동차를 생산하고 판매하고 있다. 고작 세계 자동차 시장의 2%에 불과한 생산 수준이지만 테슬라의 시장 가치는 폭스바겐, 도요타 등 연간 1,000만 대를 생산하는 자동차 기업들의 전체 주가를 합한 것보다 더 크다. 일론 머스크는 그의 비전을 '우주 정복' '인공지능' '지구 문제 해결'로 공표했다. 이를 목표로 과감하고 대담한 도전을 이어갈 수 있었다.

비전을 세워야 한다. 원대한 것일수록 좋다. 미래의 당신이 마주할 만족도와 성취도도 비례해서 커질 것이다.

현실은 어렵지만 미래는 밝다

물론 원대한 비전이 있다고 해서 현실의 문제가 사라지진 않는다. 말단부터 최상단까지 어려움이 산적해 있는 경우가 대부분이다.

"고난 앞에서 어떻게 대처해야 하는가?"

미친 생각들을 가졌던 많은 사람이 "스스로에게 믿음을 주는 것이 중요하다."라고 강조한다. 나이키 창업자 필 나이트는 『슈독』에서 스스로 두 팔로 자신의 몸을 꼭 감싸며 고통스러운 시간을 견딘 경험담을 소개한다. 당시 매출만큼 가파르게 상승하는 대출로 심각한 스트레스를 받는 바람에 신경성 안면 경련을 앓기 시작했다. 주식 공모에도 실패했고 직원의 부모님에게 사채까지 빌려 써야 했다. 그럼에도 운동화에 대한 비전을 포기할 수 없었다. 그는 자신에게 "그래 계속

가는 거야. 멈추지 마."라는 말을 반복해 들려주며 난관을 돌파했다.

사장 시절 나도 적자 사업을 꾸려가며 긍정 리더십의 일종인 '스톡데일 리더십'으로 위기의 기간을 견뎠다. 스톡데일 리더십이란 용어는 내가 명명한 것으로 위기 대응 리더십의 하나라고 생각할 수 있다. 스톡데일은 베트남전에 참전한 미군 장교로 "낙관적 미래가 올 것을 확신하되 현실은 냉혹하게 직시한다."라는 각오로 8년간의 포로 생활을 견뎠다. 나는 그의 이야기에서 '당면한 현실은 어두우나 다가올 미래는 밝다.'라는 원리를 깨달았다.

이 원리는 내게 큰 힘이 됐다. 삼성SDI 사장을 맡은 내게 커다란 숙제가 주어졌다. 두 개의 다른 기업을 합병해 일부 사업을 정리하면서 미래 사업인 2차전지를 빠르게 안착시켜야 했다. 미래에는 모든 자동차가 전기자동차가 될 것이라는 '밝은 미래'가 있었지만 기업의 현재는 조직과 기술 등 여러 면에서 어려움을 겪고 있었다. 나는 어두운 현실을 자원의 효율화, 체질 개선, 일류 기술의 개발, 소재 기술력 강화로 헤쳐 나가기로 했다. 끈기와 일관성을 가지고 추진해 나가자 상황은 점차 희망하던 미래로 바뀌어 갔다.

위기와 변화의 시기는 기업에만 오는 게 아니다. 개개인의 삶에도 위기와 변화의 시기가 반드시 찾아온다. 마찬가지로 개인의 삶 역시 현실은 어려우나 미래는 밝다. '미친 생각'을 실현하기 위해서는 자기 인생을 경영하는 막중한 책임을 감당해야 한다.

2

인생 로드맵으로 구체화하라

구체적인 계획이 실현 가능성을 높인다

"미래는 알 수 없으니까요."

비전을 이야기할 때 많이 듣는 말이다. 5년 뒤 10년 뒤라면 모를까, 30년 뒤 50년 뒤 미래를 누가 예상할 수 있겠는가? 결정된 것이 없으니 준비할 것도 없다. 자신에게 맞는 비전을 세우는 일 역시 쉽지 않다. 그러나 긴 안목으로 미래를 봤을 때 먼 미래일수록 준비할 수 없다는 말은 반은 맞고 반은 틀리다.

"30년 뒤 어떤 삶을 살고 싶은가?"

이 질문에 답을 할 수 있다면 누구나 먼 미래를 준비할 수 있다. 계획을 세우고 목표를 정하고 실천하기만 하면 된다. 계획이 곧 준비인

셈이다.

긴 기간에 걸쳐 구체적인 계획을 세워두면 비전의 실현 가능성은 커진다. 자기계발의 동력이 장착되고 크고 작은 성취감도 느낄 수 있다. 이를 위해 계획은 '구체적'일수록 좋다. 또한 되도록 이른 시기에 계획을 습관화하면 인생 전반에 큰 도움이 된다. 후회스럽게도 나는 주니어 시절 미래 비전이라는 것을 제대로 세우지 못했다. 계획도 준비도 없이 5년 뒤 10년 뒤를 맞곤 했다.

혹자는 "그런 고민 없이 지금의 자리에 오게 됐으니 그럼 된 것 아닌가?"라고 말한다. 사회적 성취로 보자면 그럴 수도 있겠다. 그런 면에서 나는 운이 좋았다. 하지만 내가 주니어 시절에 인생과 미래를 좀 더 고민했더라면 또 다른 기회의 문이 열렸을 수도 있고 같은 길을 가더라도 좀 더 인생에 대해 확신을 하고 의미를 가지고 살지 않았을까 하는 아쉬움이 있다. 주니어 시절에 자신의 30년 인생 로드맵을 고민해 보는 것은 자신의 인생을 주인으로 살 수 있게 해줄 것이라 믿는다.

앞으로 30년, 인생 로드맵으로 준비하라

몇 년 전부터 나는 한국장학재단에서 주관하는 대학생 멘토링에 참여하고 있다. 멘티 학생들에게 몇 가지 과제를 주면서 개인적 아쉬움을 만회한다. '30년 인생 로드맵 작성'은 내가 멘티 학생들에게 요구하는 첫 숙제로 많은 프로그램 중 가장 호응도가 높은 과제이기도 하다. 30대부터 50대까지 10년을 주기로 자신이 원하는 미래상을 구체적으로 명시하고 실현하기 위해 어떤 것들을 할지 '30년 인생 로드맵'을 계획서로 작성해 제출하게 한다.

멘티 학생들은 "살아보지 않은 미래 30년을 그려본다는 것이 매우 어렵다."라고 말한다. 그럼 나는 미래에 관한 질문을 던지며 미래를 상상하게 하고 애매모호한 것들을 구체화하도록 돕는다.

"제가 실제로 살아보니 신입사원으로 입사해서 10년 후가 되니 과장이 되었고, 20년 후가 되니 임원이 되었고, 30년 후가 되니 사장이 됐습니다. 여러분도 조직에서 성장하고 싶다는 욕심이 있을 겁니다. 제가 밟아온 길을 비슷하게 밟는다면 10년, 20년, 30년 이 사이에 어떤 준비를 하고 역량을 발휘해야 할까요? 이를 기준으로 30년 인생 로드맵을 작성해 보세요."

이렇게 작성된 인생 로드맵은 현실에서 인생의 비전을 실현하는 가이드라인이 된다. 전략목표를 달성하는 과정을 시뮬레이션해서 시기별로 어떤 모습으로 나아가야 하는지 구체적으로 확인할 수도 있다. 솔직히 말하면 나는 40대 중반이 돼서야 인생 로드맵을 알게 됐다. 늦게 배운 만큼 충실히 활용해 지금까지도 비전 실현의 팁으로 잘 활용하고 있다.

약 20년 전 법인장 발령을 받고 일본 도쿄에 단신 부임했다. 사정상 가족들이 함께 가지 못했다. 주말에는 교회에 다녔는데 하루는 미국 백악관 직속 국가장애위원회 정책차관보를 지낸 강영욱 박사가 강연자로 오셨다. 강 박사는 우리나라 최초의 시각장애인 박사다. 중

학생 때 축구공에 맞아 시각을 잃었으나 어려운 환경에서도 공부를 계속해 연세대학교에 입학했고 미국 유학을 하며 철학박사 학위까지 받았다. 그때도 미국과 한국은 물론 전 세계를 무대로 장애인 복지 향상을 위해 헌신하고 있었다.

인생 스토리를 먼저 전한 강 박사는 이어서 자신의 비전을 실현해 준 '30년 인생 로드맵'을 소개했다. 시각장애인이 되고 재입학한 중학교에서 인생의 30년 계획을 세운 것이다. 첫 10년은 시각장애인으로 시련과 역경을 극복해 가며 공부하고 다음 10년은 행복한 가정을 꾸려 나가고 그다음 10년은 장애인들을 위해 사회에 봉사하며 살겠다는 계획이었다. 강 박사는 인생 로드맵 덕분에 온갖 어려움에도 비전을 실현할 수 있었다고 강조했다. 대학에서 자신을 도와주던 배우자를 만난 이야기도 감동적이었다.

마지막으로 강영욱 박사는 "공부가 다른 사람의 삶의 질을 높이고 더 나은 세상을 만들기 위한 것이라고 생각할 때 성취동기가 극대화된다."라며 비전의 힘을 역설했고, 인생 로드맵을 실현할 때의 태도로 "다른 사람과 경쟁하지 말고 선명한 비전과 분명한 목적을 가지고 끝까지 최선을 다하라."라고 했다. 친구들은 이미 고등학교에 다닐 18세에 그는 중학교에 입학했으니 "이미 출발이 늦었다." "앞이 보이지 않는데 어떻게 하랴." 하는 한탄이 왜 없었겠는가. 하지만 30년 인생 로드맵을 통해 비전을 튼튼히 하고 결국 UN 세계장애위원회 부의장 겸 루스벨트 재단 고문까지 될 수 있었다.

그날 강연의 울림이 어찌나 컸던지 강의 내용을 요약하고 소감문을 써서 아이들에게도 보냈고 나 역시도 인생의 전환점마다 '30년 로드맵'을 활용하기로 했다. 퇴임 후 '후배 경영인들을 돕는 1조 달러 코치가 되겠다.'는 비전을 세우고 늦깎이 학생으로 돌아가 전문 코치 과정을 이수하고 경영자 코치로서 활동할 수 있던 것도 그날의 배움 덕분이라 생각한다.

앞서 이야기로 돌아가 대학생 멘티들은 30년 로드맵을 세운 과정이 어렵지만 의미 있었다는 피드백을 많이 주었다. 주니어들도 활용해 보길 권한다. 처음부터 30년 인생 로드맵을 완성하는 것이 어렵다면 20대, 30대, 40대, 50대, 60대 등 다가올 10년에 어떤 변화가 일어날지 예상하고 그에 맞는 계획을 준비해 본다. 20대는 배움에, 30~40대는 가정을 이루는 것과 사회적 성과에, 50~60대는 사회적 성취와 자산을 나누는 방법에 대해 고민할 수 있다. 이를 바탕으로 30년 인생 로드맵을 작성하면 인생 전체에 대한 조망과 계획이 가능할 것이다.

현재를 깊게 멀리 보면 미래를 통찰할 수 있다

30년 인생 로드맵을 세울 때 또 하나의 팁을 주자면 사회의 변화와 기술의 발달을 주의 깊게 보고 그에 맞는 계획을 세우라는 것이다. 비전과 인생 로드맵이 사회의 변화와 기술의 발달과 궤를 같이할 때 시너지를 낼 수 있기 때문이다.

일례로 바이오에 관심이 많은 주니어라면 4차 산업혁명의 흐름과

IT 발달 상황을 예의 주시해 보는 것이 도움이 된다. IT와 융합한 바이오 기술이 날로 향상되고 있고 유전자 분석이나 진단 기술을 활용한 신약 개발도 한창이다. 유전자 치료 전문가라는 커리어로 미래 비전을 세울 수도 있다.

사회의 변화와 기술의 발달을 관찰할 때는 현재와 미래를 함께 보는 '통찰'도 필요하다. 현재와 미래 사이의 간극을 줄여나가는 형태로 로드맵을 구상할 수 있다. 『실행의 힘』의 저자 그레그 S. 레이드는 "꿈을 날짜와 함께 적어 놓으면 그것은 목표가 되고 목표를 잘게 나누면 그것은 계획이 되고 그 계획을 실행에 옮기면 꿈은 실현된다."라고 했다. 나 역시 현재의 나와 미래에 되고 싶은 나 사이의 간극을 메우는 것을 실천하면 자연스럽게 비전을 완성할 수 있다고 생각한다.

'미래에 대한 통찰을 어떻게 얻을까?'

나는 이 질문에 대한 답을 이건희 회장에게서 구한 바 있다. 삼성 부사장 시절 최고경영자 교육 과정 중 이건희 회장과 간담회 자리에 서였다. 나와 동료들은 이건희 회장의 '통찰력'에 대해 존경심과 궁금증을 가지고 질문을 했다. 이건희 회장은 "현재를 깊게 멀리 보면 보입니다."라는 짧은 답을 주었다. 이후 시간이 날 때마다 '현재를 깊게 멀리 보는 법'을 찾고자 고민을 많이 했다.

내가 찾은 해답은 현재를 기준으로 '시간의 축을 길게 확장해 보는 것'이었다. 미래에 도달해야 할 곳을 '비전'으로 두고 달성해야 할 30년 인생 로드맵을 작성할 때 목표마다 단계별로 실행할 전략을 산출하는 방식으로 계획을 수립하면 걸어가야 할 길이 선명하게 드러난다. 타임라인과 함께 목표를 명시하면 그 자체로 인생 로드맵을 완성할 수 있다.

가슴이 웅장해지는 경험으로 그릇을 키워라

만일 비전을 새로 세우거나 확장하길 원한다면 현실을 벗어난 새로운 자극들을 경험해 보길 추천한다. 독서나 여행 같은 가슴이 웅장해지는 경험을 하라.

나는 오래전부터 책을 읽은 후에 핵심 내용을 요약하고 독후감을 쓰곤 한다. 마케팅과 경영 등 필요해서 읽는 책도 있고 역사와 소설 등 좋아해서 읽는 책들도 있다. 인상 깊은 문장은 옮겨 두고 배울 거리도 정리한다. 이 기록들에서 '어떤 삶을 살아야 할까?'라는 고민의 답을 얻기도 한다.

여행은 비전을 키우는 좋은 계기다. 지금까지 유럽 여행을 여러 번 다녀왔다. 그때마다 느끼는 감흥이 달라 개인의 비전도 조금씩 수정하게 됐다. 한 줄 정리를 하자면 '관광'으로 시작해 '감탄'으로 끝이 난 경험이었다.

처음 유럽에 간 것은 30대로 아이들과 함께 이탈리아와 프랑스 등 역사 유적지와 관광지들을 돌아다녔다. 그때는 난생처음 보는 건축물의 크기와 예술품의 완성도에 압도됐다. 당시 내게 떠오른 생각은 '그 시대에 저런 걸 어떻게 만들었을까?' 하는 단순한 호기심 정도였다. 그런데 40대가 되어 다시 보게 된 유적지와 관광지는 다른 고민을 안겨주었다. 스케일과 전문성을 넘어 '나라면 저 정도 예술품을 기획할 수 있을까?' 하는 생각이 들었다. 나도 내 분야의 전문가가 되어서 기업과 사회에 기여하는 사람이 되자고 다짐했다.

50대가 되고 경영자의 위치에 오르자 고민도 새로워졌다. '나라면 저 정도 예술품을 끝까지 완성할 수 있을까?' 100년 넘는 동안 예술 작품을 완성해 낸 그 추진력에 감탄하며 경영자로서 본받고 싶은 마음이 컸다. 경험해 보니 비전은 개인의 크기만큼 커진다. 다양한 경험은 그릇을 키우는 담금질이다. 비전을 새로이 그리고 공고히 하고 싶을 때 가슴이 웅장해지는 경험을 통해 통찰을 얻기 바란다.

3

실천에도 기술이 필요하다

지루함을 견디게 해줄 작은 성취를 반복하라

로드맵을 실천하는 과정에서 가장 힘든 일은 무엇일까? 계획의 실천을 망가뜨리는 범인은 누구일까? 경험상 가장 강력한 방해물은 '일상의 지루함'이다. 오죽하면 지루함을 견디는 것이 비범함이라거나 지루함을 견디는 힘의 유무에 따라서 아마추어와 프로를 가른다는 말까지 나왔겠는가! 지루함을 견디기 위해서는 실현할 수 있는 작은 목표를 여러 번 세우고 달성하며 성취감을 맛보는 계획을 추천한다.

나는 군 제대를 앞두고 일본어를 공부했다. 사회 진출에 대한 새로운 각오를 하면서 영어 외에 새로운 언어를 하나 더 공부해 두고자 했다. 나름대로 열심히 공부했지만 회사에 출근해서 부딪쳐 보니 내 실력은 형편없었다. 어느 날 세미나에 참석했는데 일본인 기술자가 열심히 설명했다. 나는 제대로 알아듣지 못한 채 앉아 있었다. 도중에 강사가 농담을 했는지 주변에서 "와!" 하고 웃었다. 남들은 웃고 있는데 나는 울고 싶었다. 이래서는 안 되겠다고 생각하고 일본어 공부에 박차를 가했다.

하루 두세 시간씩 일본어 공부하기를 목표로 세웠다. 당시 퇴근 시간은 아무리 빨라도 밤 10~11시였다. 밤늦게 공부하자니 졸음이 몰려왔지만 하루하루 실천할 수 있는 현실적인 계획을 세우고 지키려고 노력했다. 먼저 새로운 단어를 외우고 일본어 문장이 입에 자연스럽게 익숙해질 때까지 수십 번 읽는다. 그 후 한글 문장을 보면서 일본어로 말해 보면서 완벽하게 될 때까지 하는 식이다. 실력이 잘 늘고 있는 것 같지 않아 답답했지만 끈기를 가지고 하루하루를 채워 나갔다.

그러던 어느 날 일본어 공부를 하고 있는데 종소리가 연이어 들렸다. 제야의 종소리였다. 문득 작년 이맘때가 떠올랐다. 1년 전의 내 실력과 지금의 실력을 비교해 보았다. 답답함을 느꼈던 것과 달리 많은 발전이 있었다는 것을 깨달았다. 이렇게 공부한 일본어는 이후 커리어에 큰 도움이 됐다. 일본어 실력이 좋아지니 회사에서 보내주는 일본어 연수 과정에 참여할 수 있었고 후일 일본법인장에 발탁되는 데도 도움이 됐다.

어느 조직에서나 주니어 시절은 육체적으로 정신적으로 힘든 시기다. 하지만 나는 성장 산업의 한 귀퉁이에서 제 몫을 해내고 있다는 자부심과 작은 일들에서 얻은 성취감으로 비교적 수월하게 그 시기를 보낼 수 있었다. 누구에게나 지루함을 견뎌낼 자신만의 방법이 있을 것이다. 이를 잘 찾아 활용해 보길 권한다.

스마트하게 계획하고 실천하고 점검하라

기업에서 비전은 조직원들이 일관된 서비스와 행동을 하도록 유도하고 고객에게 오래 기억되도록 하는 효과가 있다. 개인도 마찬가지다. 비전은 목표를 설정하고 실행전략을 수립하는 과정을 통해 더 나은 사람이 되도록 한다. 그런데 로드맵의 실천에는 기술이 필요하다. 창조적인 기업문화를 자랑하는 마이크로소프트는 스마트SMART 기법을 활용하는 것으로 알려져 있다. 『일 잘하는 법, 마이크로소프트에서 배운다』에서 저자 줄리 빅은 '일 잘하는' 독특하고 특별한 비법으로 스마트 기법을 소개했다. 구체적이고Specific, 측정 가능하며Measurable, 달성 가능하고Achievable, 현실적인Realistic 목표를 세우고 기간을 정해Time-bound 실천하라는 것이다.

일례로 기업의 경우 '매출을 30% 높이기 위해 2년 안에 20건 이상의 신규 거래를 일으킨다.'라는 식이다. 유능한 기획자가 되고 싶은 이라면 '1년 동안 30권의 전문 서적을 읽고 업계를 분석하여 60건의 블로그 글을 게시한다.'라는 계획을 세울 수 있다.

스마트 기법을 반복적으로 실천하면 개인의 한계를 확인하고 가능성을 키우는 효과를 거둘 수 있다. 처음에는 달성할 수 있는 목표를 세우고 확인해 본다. 익숙해지면 한계치의 목표를 설정하고 달성하려고 노력한다. 한계치를 뛰어넘는 성과를 내면 시간과 목표를 조절하면서 가능성을 확장해 나간다. 계획하고 실천하고 점검하는 과정에서 업그레이드된 자신을 만나게 될 것이다.

오늘은 오늘의 과업에 집중하라

하루아침에 달성되지 않는 과업을 꾸준히 유지하는 또 다른 방법으로는 '오늘의 과업에만 집중하는 것'이 있다. 미래에 대한 불안감을 내려놓고 당장의 현실에 집중하는 것이다. 천릿길도 한 걸음부터다. 오늘 시작하면 된다.

2010년 삼성 라이온즈에서 은퇴한 양준혁 선수는 "어떤 선수로 기억되고 싶은가?"라는 질문에 "그저 1루까지 열심히 뛰었던 선수로 기억되고 싶다."라고 답한 적이 있다. 실제로 양준혁 선수는 땅볼에도 항상 1루까지 뛰어갔다고 하는데 "지금까지 야구를 하면서 한 번도 걸어서 1루까지 간 적이 없다."며 자부심을 드러내기도 했다.

비전을 향해 달리는 이들도 마찬가지다. 당장은 공보다 먼저 1루까지 가기 위해 뛰어야 한다. 그러다 어떤 날은 운이 좋아 땅볼을 쳤는데도 1루에 세이프가 될 수도 있다. 그리고 언젠가는 홈런을 치고 점수를 낼 수도 있을 것이다. 홈런을 쳤을 때도 1루 베이스를 건너뛸 수는 없다. 준비된 자의 여유를 보여주기 위해 이왕이면 멋지게 뛰어가보자!

나만의
성공 선순환
구조를 짜라

3장

작은 성공으로
성공하는 법을 배운다

1

작은 성공이 나를 키운다

쉬운 것부터 공략해서 성공 사이클을 완성하라

'쉬운 것부터 차근차근'

이것은 내가 10대 때 깨달은 과제 해결의 원리이다. 초등학교 때 서울로 유학을 온 나는 첫 시험에서 형편없는 성적을 받았다. 공부한 다고 했지만 쉽게 나아질 리 없었다. 중학교 시절에는 키가 커 맨 끝줄에 앉았다. 선생님의 관심에서 멀어지니 수업 시간에 더 집중을 못 하고 만화책을 읽으며 딴짓을 하기도 했다.

부모님은 걱정이 돼 공부를 봐줄 과외 선생님을 구하셨다. 나는 그 선생님에게서 공부의 원리를 배웠다. 선생님은 누가 봐도 쉬운 교재를 갖고 오셨다. 영어는 기초 영문법부터 수학은 기초 연산부터 시작했다. 덕분에 나는 자신감을 되찾고 성적을 올리게 됐다.

선생님의 가르침을 한마디로 요약하면 '쉬운 것부터 차근차근'이다. 쉬운 것부터 완벽하게 익히니까 자신감이 상승했다. 덕분에 어려운 문제를 맞닥뜨렸을 때도 쉽게 포기하지 않는 지구력을 발휘할 수 있었다. 이후 나는 학교에서뿐만 아니라 군대와 사회 생활에서도 이러한 문제해결의 원리를 잘 활용했다. 어렵고 힘든 과제를 끌어안을 때도 작은 성공의 경험을 쌓으며 문제를 해결해 나갈 수 있었다.

직장 선배로서 후배들의 역량을 끌어올릴 때도 톡톡히 효과를 보았다. 일례로 조직 분위기가 매우 안 좋을 때는 획기적인 커다란 목표를 제시하기보다 당장 실행할 수 있는 작은 과제부터 하달하는 것이다. 이러한 경험이 쌓이면 문제에 대한 내성이 생기고 상황을 해결할 수 있겠다는 긍정적인 마음이 생겨 어느새 조직 분위기가 반전된다.

한편 경영자가 되고 나는 '작은 성공small success'에 관한 많은 이론을 확인하기도 했다. 많은 이론가가 성장하는 데 성공의 크기보다 성공의 빈도가 중요하다고 말한다. 반복된 작은 성공은 성취감과 승리감을 주어 다음 성공을 기대하게 만든다. 성공 사이클을 완성하는 주요 재원이 된다.

작은 성공이 쌓여 큰 성공을 이룬다

자기효능감 이론Self Efficacy Theory에서도 작은 성공을 이룬 사람들이 큰 성공을 이룰 수 있다는 것을 강조한다. 작은 성공에 대한 경험이 큰 성공에 대한 도전 의식을 높이고 용기를 불러온다는 설명이다. 연구결과에 따르면 특정 작업이나 과제를 수행할 능력에 대한 자신감을 가진 사람들이 더 높은 수행력을 보인다.

윌리엄 맥레이븐William McRaven은 자기효능감 이론을 설파한 인물로 유명하다. 그는 학군단 출신으로 미국 특수전 사령관 자리에 오른 독특한 이력을 갖고 있다. 2011년에는 해군 장교로 오사마 빈 라덴을 제거하는 작전을 성공적으로 지휘하며 높은 명성을 얻었다. 2015년 모교인 텍사스대학교의 총장으로 부임했는데 2014년에 졸업생들에게 한 축사로 전 미국인의 사랑을 받는 인물이 되었다.

하얀색 해군 장교 정복을 입고 단상에 오른 맥레이븐 총장은 졸업을 앞둔 학생들에게 37년 전 자신이 6개월간 네이비실 기초 군사 훈련 과정에서 배운 열 가지 인생 교훈을 이야기했다. 그가 말한 첫 번째 지침은 "침대부터 정돈하라Make your bed."였다.

"세상을 변화시키고 싶으세요? 침대 정돈부터 똑바로 하세요. 매일 아침 침대 정리를 똑바로 한다면 여러분은 그날 첫 번째 과업을 완수하게 되는 것입니다. 그것은 여러분에게 작은 뿌듯함을 줄 것입니다. 그리고 다음 과업을 수행할 용기를 줄 것입니다. 하루가 끝나면 완수한 과업의 수가 하나에서 여럿으로 쌓여 있을 것입니다. 침대를 정돈하는 사소한 일이 인생에서 얼마나 중요한 역할을 하는지 보여줍니다. 이러한 사소한 일을 제대로 해낼 수 없다면 큰일 역시 절대 해내지 못할 것입니다. 그리고 혹시 비참한 하루를 보냈더라도 여러분은 집에 돌아와 정돈된 침대를 보게 될 것입니다. 여러분이 정돈한 그 침대를요. 이것은 여러분에게 내일은 할 수 있다는 용기를 줄 것입니다."

맥레이븐 총장이 말한 침대 정리는 각진 모서리, 반듯하게 펴진 침대보, 잘 개어진 담요를 이야기한다. 일상적인 간단한 일이다. 그러나 훈육관이 매일 아침 훈련생들의 침대를 점검했으므로 침대 정리는 훈련생들에게 주어진 첫 번째 임무가 됐다.

맥레이븐 총장은 네이비실이 스스로 전사가 되려는 혈기 왕성한 청년들에게 왜 일상적인 '침대 정돈'을 강조하는지 처음에는 이해하지 못했다고 한다. 그러나 시간이 지나면서 그날의 과정이 사소한 임무의 완수, 즉 '작은 성공'이 '위대한 성공'의 머릿돌이 되는 것을 가르치는 과정이었다는 것을 깨달았다고 한다. 그리고 그러한 진리가 해군 장교가 되고 대학 총장이 된 자신의 삶을 통해 증명되었다고 덧붙였다.

타인의 실패와 나의 성공이 성장 자산이 된다

사람들은 살아가면서 '자산'을 쌓아간다. 어렵고 힘들 때 미리 쌓아놓은 자산으로 자신을 지키기도 하고 새로운 도전을 시작하기도 한다. 현금, 아파트, 자동차처럼 눈에 보이는 것이 있는가 하면 자긍심, 자신감, 용기처럼 눈에 보이지 않는 것들도 있다. 나이가 들수록 유형의 자산을 쌓아가는 것만큼이나 무형의 자산을 쌓아가는 것도 중요하다는 것을 깨닫는다.

그렇다면 우리는 유무형의 자산을 어떻게 쌓을 수 있을까? 흔히 실패를 성공의 어머니라고 한다. 하지만 현실에서 우리는 실패가 아니라 성공에서 더 많은 것을 배우기도 한다. 미국 에모리대학교의 다이워스 교수는 외과 의사들의 수술 성공률을 분석해 "우리는 자신의 실패로부터 배우는 것이 아니라 다른 사람의 실패와 자신의 성공에서 배운다."라는 결과를 소개했다.

연구는 1990년대 개발된 새로운 심장 수술법을 배운 의사들의 수술 데이터를 분석하는 것으로 진행됐다. 매사추세츠 병원에서 10년 이상 근무한 외과의 71명이 2009년 10~11월 집도한 6,516회 수술 데이터를 분석해서 외과 의사의 경험이 수술 사망률에 어떻게 영향을 미치는지 확인했다. 결과를 보면 과거에 실패를 경험한 의사의 수술 실패율이 가장 높았다. 반대로 수술 성공률이 높은 경우는 다른 의사의 실패를 경험한 의사와 자신의 성공을 경험한 의사들이었다.

연구팀은 연구 데이터를 기초로 경험이 학습자에게 미치는 몇 가지 특징을 확인했다. 첫째, 실패를 경험한 학습자는 실패를 반복할 확률이 높다. 원인을 제대로 파악하지 못하고 실패의 원인을 주변 탓으로 돌리면서 배울 기회를 잃어버리기 때문이다. 또한 실패에 의한 좌절감을 맛보면 재도전의 의지가 꺾인다. 둘째, 성공을 경험한 학습자의 성공 확률은 높다. 성공이 자신감을 북돋아 더 과감한 도전을 가능하게 하기 때문이다. 여기서도 자기효능감 이론이 사실로 증명됐다. 셋째, 다른 학습자의 실패를 경험한 이들의 성공률이 가장 높다. 타인의 실패가 반면교사가 되고 성공에 대한 의지도 높이기 때문이다. 넷째, 다른 학습자의 성공은 자신의 성공에 별다른 영향을 미치지 않는다. 이는 타인의 성공에 적절한 흥미를 느끼지 못해 동기부여가 되지 않기 때문이다.

우리를 효과적으로 가르치는 것은 타인의 실패와 나의 성공이다. 나의 작은 실패는 큰 실패로 이어질 확률이 높고 작은 성공 역시 큰 성공으로 이어질 확률이 높다. 또한 타인의 실패는 내게 긍정적인 영향을 미치지만 타인의 성공은 그다지 영향을 미치지 않는다. 하지만 현실적으로 우리가 컨트롤할 수 있는 것은 타인이 아니라 자신이다. 스스로 작은 성공을 만들어가는 것이 최선의 학습법이다. 우리가 할 수 있는 가장 작은 과제부터 성공을 학습해야 한다.

2
각자에게는 각자의 마중물이 있다

리더의 통찰을 나의 것으로 업그레이드하라

이건희 회장의 이야기는 여기저기 많이 인용된다. 1993년 신경영을 위해 정보화, 글로벌화, 복합화를 강조하며 수원단지에 고층 연구 빌딩을 짓고 수만 명의 연구원을 한곳에 모은 사례나 '업의 본질'을 강조하며 호텔업을 '서비스업'이 아니라 '부동산업과 장치산업'으로 보고 성공 요인을 짚은 이야기가 대표적이다. 신경영으로 시작된 복합단지는 회사 간 벽과 기술 간 벽을 깨고 융합하는 시스템의 혁신을 가져왔고 업의 본질을 재정의하는 것은 새로운 성공 요인을 찾을 수 있게 했다.

나는 이건희 회장의 남다른 통찰력을 들을 때마다 '어떻게 저런 생각을 할 수 있나?' 하고 감탄을 했다. 그러다 부사장이 되어 사내 최고경영자 과정을 들을 때 나도 따라서 실행해 보자고 생각하게 됐다. 이건희 회장의 신경영 발표를 DVD로 다시 보았다.

신경영 발표는 이건희 회장 취임 6년 후에 이루어졌다. 이건희 회장은 1987년 선대 회장이 작고하고 비교적 이른 나이인 40대 중반에 회장에 취임했다. 취임식에서 삼성을 세계 일류 회사로 키우겠다는 의지를 공표했다. 나는 당시 대리였는데 회사에서 동료들과 함께 취임사를 들었던 기억이 있다. 그러나 구체적인 이야기는 또렷이 기억하지 못했다.

25년의 세월이 흘러 최고경영자 과정에서 DVD로 이건희 회장의 취임사를 다시 들었다. 그때는 전처럼 그냥 흘려들을 수 없었다. 아무래도 조직을 책임지고 운영해야 하는 나로서는 시스템의 혁신과 업의 본질을 재정의한다는 게 주니어 때와는 달리 와닿을 수밖에 없었다.

화면 속 얼굴을 정면으로 바라보니 1987년도의 분위기가 온전히 느껴졌다. 회장의 얼굴에는 일찍 아버지를 여읜 슬픔, 비통함, 이른 나이에 그룹을 맡은 책임의 무거움, 그리고 손수 기업을 일으키고자 하는 의연함과 결연함이 담겨 있었다. 목소리가 약간 떨리는 것도 느껴졌다.

그리고 6년 뒤 "마누라와 자식 빼고는 다 바꿔라."라는 말로 대표되는 신경영을 발표했다. 당시 이건희 회장의 위기의식은 최고조였으리라 짐작한다. 그도 그럴 것이 취임사에는 2000년까지 삼성을 일류 기업으로 만들겠다고 한 약속이 있었다. 그러나 그사이 회사는 바뀐 것이 거의 없었다. 이건희 회장은 프랑크푸르트 선언 이후 도쿄, LA 등을 돌며 신경영을 설파했다. 하루에 무려 8시간씩 말씀을 이어가기도 했다. 그때의 말씀들은 『지행 33훈』이라는 책자로 정리됐다.

이건희 회장의 취임사를 다시 들은 나는 당시 사업부장으로서 『지행 33훈』을 내가 담당하는 사업에 맞게 구체화해 보자고 생각했고 실행에 옮겼다. 어깨너머로 배운 경영자로서 일하는 법, 생각하는 법, 의사결정의 기준을 다시 세우고 구체적으로 실행할 방법들을 찾아 나섰다. 회사에서 직원들과 토의하고 그 내용을 블로그에 포스팅했다. 그것을 묶어 책으로도 출간했는데 지금까지도 의미 있는 프로젝트라고 기억한다.

성공의 원동력이 되는 마중물을 마련하라

하나의 작은 사건이 삶에 강한 영향력을 미치는 일을 혹자는 '나비 효과'라고 하고 혹자는 '마중물 효과'라고 한다. 개인적으로 나는 마중물이라는 말을 좋아한다. 실제 마중물을 퍼붓던 유년의 즐거운 기억 때문이다.

내가 살던 충북 음성 집에는 마당 한쪽에 수동 펌프가 있었다. 지금은 대부분 사라졌으나 옛날에는 많은 집에서 수동 펌프로 지하의 물을 끌어올려 사용했다.

펌프의 조작법은 간단하다. 대략 1리터의 물을 붓고 펌프질을 열심히 한다. 잠시 후에는 어김없이 시원한 물이 콸콸 쏟아져 나온다. 어린 나는 그 광경을 보며 탄성을 내뱉곤 했다. 적은 물을 붓고 펌프질을 한 것만으로 그 많은 물이 나오는 것이 신기했다. 펌프의 가치는 물이 마른 가뭄철에 더욱 빛났다. 아무리 심한 가뭄이라도 한 바가지 물만 있으면 펌프질해서 맘껏 물을 뽑아 쓸 수 있었기 때문이다. 어린아이들은 등목을 하고 물장구를 치는 호사를 누렸다.

펌프에 처음 붓는 물에 '마중물'이라는 이름이 있다는 것을 나는 중년이 넘어서야 알았다. 어떤 책에서는 마중물을 '콜링 워터calling water'로 번역해 놓기도 했으나 영어사전을 찾아보니 뇌관, 점화약, 기폭제를 뜻하는 '프라이밍 워터priming water'가 맞다. 어떤 사건의 원동력이 된다는 의미가 담겨 있다.

돌아보면 내게는 기억에 남는 몇몇 '마중물'들이 있었다. 대표적으로 꼽는 것은 주니어 시절의 사내 교육이다. 지금은 많은 기업에서 교육을 상시화하고 있는데 내가 주니어 시절 때는 그렇지 않았다. 삼성은 교육을 많이 하는 기업에 속했다. 이에 대한 직원들의 반응도 제각각이었다. 어떤 이들은 "쓸데없다."라고 불만을 늘어놓기도 하고 어떤 이들은 "그럭저럭 도움이 된다."라고도 했다. 이러한 평가에는 약간의 배경이 있다. 교육 일정이 공지되면 직원들은 업무 중에 인사팀이나 교육부서에서 하는 교육에 들어가야 했다. 여유가 없는 상황이다 보니 아무리 좋은 교육도 제대로 들어올 리 만무했다.

그러나 나는 사내 교육에 관심과 만족감이 컸다. 나의 성장과 발전에 큰 도움이 된다는 생각으로 교육에 성실하게 임했고 메모도 많이 했다. 이 메모를 엮어 따로 노트를 만들기도 했는데 손수 기록한 내용을 들춰 보며 뿌듯한 마음이 들기도 했다.

솔직히 지금 당시의 내용을 들춰 보면 아주 대단한 것은 아니다. 그러나 그 시간을 귀하게 여기고 배움의 기회로 삼고자 했던 열의가 성장과 성취에 긍정적으로 작용한 것은 분명했다. 그 덕분에 나의 소중한 마중물로 당시를 추억할 수 있다.

절박함은 마중물을 만들 확률을 높인다

이 밖에도 나를 경영자로 이끈 몇 개의 마중물이 있다. 가장 먼저는 '독서'를 꼽고 싶다. 시간이 날 때마다 경영자의 전기, 리더십, 혁신, 전략 등 경영서나 자기계발서를 읽었다. 후에는 독후감을 작성했는데 내용을 정리하면서 장차 경영자가 된다면 도움이 되지 않을까 생각했다. 축적의 시간이 지나자 경영혁신에 관한 전문지식이 꽤 쌓였다. 이는 실제 경영자가 됐을 때 큰 도움이 됐다.

다음으로 '일상의 선언'은 내가 의도하며 만든 마중물이다. 나는 약속을 하면 반드시 지키려고 노력하는 편이다. 그래서 내키지 않는 새로운 도전에 나설 때는 주변에 알리고 들은 사람들이 나를 감시하도록 한다. 그렇게 하면 싫은 일도 끝까지 해내게 된다. 그래서 스스로를 구속하는 약속이 좋은 마중물이 된다고 주변에도 알려 주곤 한다.

인간은 모두 잠재력이라는 우물을 가지고 있는데 원활히 끌어올리기 위해서는 누구나 마중물이 필요하다. 그 모양새는 제각각이다. 누구에게는 독서가, 누구에게는 만남이, 누구에게는 교육이 필요하다. 기다리지 말고 적극적으로 찾아 나서야 한다. 우연에 의한 것이든 의도에 의한 것이든 마중물의 역할은 같다. 소소하고 작은 계획의 실천은 '작은 성공'이다. 그것이 마중물이 되어 더 큰 도전의 기회를 얻게 될 것이다.

끝으로 '절박함'은 마중물을 만날 확률을 높여준다. 생각해 보라. 어느 때는 흘려들었던 이건희 회장의 취임사가 왜 어느 때는 가슴에 박히는 교훈이 됐을까? 역량 있는 경영자로 성장하고픈 절박함이 있었기 때문이다. 당시의 절박함은 감겨 있던 눈과 닫혀 있던 귀를 열어 주었다. 자신의 가장 절박한 부분을 짚어 그에 맞는 작은 성공을 실천해 보길 권한다.

2
도전을 성장의 변곡점으로 만들어라

기록의 힘은 세다

인생은 다사다난하고 우리는 늘 과정 중에 있다. 지나 보기 전까지 오늘의 사건이 만들 결과를 알 수 없고 지금의 선택이 좋은 것인지 나쁜 것인지 예단할 수 없다. 희망의 실현을 기대하며 내일을 준비하는 것이 우리의 최선이다. 이 과정에서 기록은 대단히 힘이 세다.

나는 한 해를 마무리할 때 1년간의 기록을 모아서 책을 만든다. 파란색 표지를 얹고 자료들을 묶어 제본한 정도의 수수한 책이지만 내게는 남다른 의미가 있다. 단순히 추억을 쌓는 것이 아니다. 회사에서 겪는 각종 이벤트(승진, 교육)에 대한 소감은 일반적인 소재이다. 프로젝트를 마무리하고 성공과 실패의 원인을 분석해 리포트를 작성하기도 한다. 책을 읽거나 강연을 들은 후 소감도 착실히 정리해 둔다. 이것들을 모아 1년마다 책을 만들어둔다. 가끔 지난 기록들을 살펴보면 모든 현재의 희로애락이 하나의 과정일 뿐이란 것을 깨닫게 된다. 어떤 일이든 사건이 벌어질 때는 감정적으로 대응하기 쉽다. 그러나 역시 지나고 보면 모든 것이 과정일 뿐이다. 성공도 실패도 마찬가지다. 미래의 자산일 뿐 일희일비할 것이 못 된다.

또한 '길을 잃은 것 같은 때'에 기록은 그 힘을 여과 없이 보여준다. 원인을 파악하고 다음 기회를 준비해야 할 때 힘이 빠지면 쉽게 동력을 잃는다. 이때 지난 기록을 살펴보면서 이 역시 성장의 변곡점이 될 수 있다는 희망을 품는다. 작은 성공이 주었던 자긍심과 용기 그리고 실패에서 깨달은 교훈을 복기하며 다음을 기약하게 된다. 기록은 삶에 깨달음을 주는 자료이자 훗날 진정한 성장의 변곡점이 무엇이었는지 확인할 수 있는 자료가 된다. 어느 때라도 남긴 기록은 나중에 볼 때 그 가치와 힘을 느낄 수 있다. 당연히 기록하는 이는 성실해야 한다. 그래야 기록의 힘이 세다는 것을 느낄 수 있을 테니 말이다.

선택은 기억에서 시작된다

동서고금의 많은 사람이 '기록의 가치'를 강조한다. 이유가 무엇일까? 아웃풋을 만드는 매우 생산적인 활동이기 때문이다. 교육이든 체험이든 인풋이 있다면 아웃풋도 있어야 한다. 글을 쓰는 과정을 통해 자신이 계발되고 기록을 다시 볼 때 교육과 체험의 가치가 높아질

수 있다. 맞는 말 같다. 그리고 최근에 나는 기록이라는 행동이 인간을 발전시킨다는 이론에 걸맞은 과학적 증거를 찾게 됐다.

뇌과학 전문가 박문호 박사는 전자공학을 전공해 한국전자통신연구원에서 30년간 근무했다. 그러면서 자연과학의 다양한 이론에 관심을 품게 됐고 뇌과학에 천착해 요즘은 전문 강사로 활동하고 있다. 뇌과학에 관한 책을 다수 냈고 대중 강연도 자주 다닌다. 유튜브에도 많은 콘텐츠가 올라와 있다. 그의 강연에서 기억 – 감정 – 선택의 연관관계를 설명하는 부분은 매우 인상 깊다. 인류는 지금까지 기억력이 어떻게 진화돼 왔는가 많은 연구를 했지만 명확한 답을 찾지는 못했다. 박문호 박사는 인간의 기억이 발달한 이유가 감정 그리고 선택과 관련이 있다고 설명하며 기억하는 것이 많을수록 욕망이라는 감정도 커진다고 주장한다.

그 주장의 근거를 차근차근 살펴보자. 선택은 무엇인가? 개인의 삶을 만드는 모든 것이다. 사소한 물건을 구매하는 것뿐만 아니라 친구, 회사, 배우자도 선택해야 한다. 그런데 우리는 어떤 근거로 선택이란 것을 하게 되는가? 어떤 것은 좋아한다, 어떤 것은 좋아하지 않는다는 감정의 영향을 받는다. 감정이 있어야만 선택할 수 있다.

그런데 감정은 어디서 오는가? 그 바탕은 기억이다. 사람이든 사물이든 상대와 관련된 기억이 있어야 감정이 생긴다. 기억이 없다면 감정도 생기지 않는다. 박 교수는 집에서 기르던 강아지가 죽었을 때 보호자들이 '가족을 잃은 슬픔'을 호소하는 것이 '기억' 때문이라고 한다. 온전히 몇 년을 함께 한 기억 때문에 상실의 슬픔도 크게 느낀다는 것이다.

결론적으로 박 교수는 우리가 삶에서 다양한 것을 이루려는 욕망을 갖고자 한다면 욕망이라는 감정을 일으킬 기억이 많아야 한다고 한다. 기록은 기억을 많게 하는 탁월한 방법이다. 뇌는 신체적 움직임에 자극받아 기억력이 좋아진다. 필기는 운동중추의 30%를 차지하는 손을 움직이는 행위다. 그 자체로 뇌를 자극해 기억력을 높인다. 기록이 많을수록 기억이 많아지고 기억이 많아질수록 감정이 많아지며 삶에 대한 욕구도 높아지는 것이다.

기록은 반복되는 실패를 예방한다

기록은 실패가 전해 주는 교훈을 끌어낼 때도 유용하다. 특히 반복되는 실패를 막고자 할 때는 기록하고 복기하는 과정이 반드시 필요하다. 앞서 미국 에모리대학교의 다이워스 교수팀의 연구 결과에서 '자신의 실패는 스스로의 성장에 큰 도움이 되지 않는다.'는 결론을 소개했다. 그 이유는 실패의 원인을 주변 탓으로 돌리고 실패의 원인을 파악하려 들지 않기 때문이다. 그런데 이 결과를 달리 해석하면 실패의 원인을 직면하고 개선하면 충분한 교훈도 얻을 수 있다는 말이 된다.

주니어 시절 어느 해인가 기다리던 승진자 발표를 보고 실망감을 감추지 못한 적이 있다. 사실 그해 나는 승진 대상자는 아니었다. 혹시나 하는 마음에 발탁 승진을 기대했다. 주변에 잘나가는 몇몇 동기들이 발탁 승진에 이름을 올렸기 때문이다. 그날 나는 혼자서 김칫국을 마셨다는 머쓱함으로 다음 기회는 놓치지 말자는 생각을 했다. 그리고 이 내용을 정리해 '소감과 다짐'이라는 제목으로 A4 용지 6장 분량의 글을 썼다. 이번에 승진이 안 된 것을 '전화위복'으로 만들자고 다짐했다. 그리고 앞으로 1년을 성숙의 기간과 실력을 채우는 기간으로 만들 계획을 세웠다. 나는 다음 승진자 발표를 보기까지 이 글을 몇 번이나 다시 보았다. 속이 쓰리지 않은 날이 없었다. 하지만 다짐을 상기하기 위해 읽고 또 읽었다.

개인뿐만 아니라 조직도 실패의 기록을 남기는 것은 큰 의미가 있다. 2010년 나는 하드디스크 드라이브HDD, Hard Disk Drive 사업부장을 맡았으나 몇 개월도 안 돼 사업을 매각해야 했다. 삼성은 25년이나 하드디스크 드라이브 사업을 유지했지만 적자에서 벗어나지 못했다. 전망도 밝지 않았다. 최고 경영진은 매각을 결정했다. 신임 사업부장으로서 '그동안 대체 무엇이 잘못돼 사업이 이 지경이 되었나?' 하는 답답함을 피할 수 없었다. 그 답을 찾기 위해 한 달에 걸쳐 과거의 모든 내용을 확인했다. 운영 방식이나 주요 시기의 의사결정 내용들을 나열해 정리하며 장기간 적자 상황이 진행된 원인을 파악했다.

그리고 그 내용을 『HDD 사업 백서』라는 책자로 만들었다. 단편적으로 생각하면 사업을 매각하면 그만이지만 동일한 실패를 반복하지 않으려면 반드시 배움이 있어야겠다는 생각에서였다. 이 백서를 그룹 최고 경영진에게 보고했고 "실패의 자산화로서 의미 있는 내용"이라는 피드백을 받았다.

4장

큰 성공으로 도약하는 법을
찾는다

1
스스로에게 기회를 주라

시작은 시작일 뿐이다

"성장의 터닝 포인트는 언제였습니까?"

이 질문을 받을 때 떠올린 순간이 있다. 삼성반도체에 배속된 나의 첫 부서는 '품질'이었다. 품질보증 부서에서 개발하고 생산한 제품을 인증하는 품질보증QA, Quality Assurance 일을 했다. 당시 삼성반도체에는 신생 회사로 제대로 된 품질 규격이 없었다. 의욕적으로 한 첫 일이 품질 규격을 만드는 일이었다. 시켜서 한 일이기는 했지만 참 열심히 했다. 레퍼런스를 확보하기 위해 고객인 컴퓨터 회사들이 부품을 어떻게 인증하는지 살펴보고 미국 국방성에서 공시한 인증규격도 읽어보았다. 시험조건을 비교표로 만들어 하나씩 하나씩 기준표를 만들어 갔다. 그러면서 품질에 대한 기본적이고 전체적인 것들을 포괄적으로 이해할 수 있었다.

이후 당시로서는 드물게 해외 출장도 다니고 미국으로 제품 연수도 다니며 많이 배웠다. 몇 년간 일하자 '불량이 가지는 의미'나 '품질보증의 역할' 등 업무에 대한 전문성을 키울 수 있었다. 제품(카메라)의 불량은 단순히 오작동을 일으키는 문제가 아니라 고객의 소중한 추억을 망가트리는 것이란 교육을 듣고 '사소한 불량은 없다.'는 철칙을 세웠다. 품질 담당자가 회사 내에서 목소리를 높임으로써 불량의 원인 분석과 개선을 통해 회사를 바르게 이끌어갈 수 있다는 신념도 갖게 됐다.

일에 파묻혀 지내던 어느 날 정신을 차려 주위를 둘러보았다. 실력을 갖춘 동기들은 벌써 승진도 되고 발탁도 되어 저만치 앞서가고 있었다. 처음으로 '내 역량이 뒤처지는 것은 아닌가?' 하는 위기의식을 느꼈다. '이제 품질에 대해서는 어느 정도 알겠다.'는 자긍심도 서서히 사그라들었다. 이때를 기점으로 나는 품질을 벗어나 다른 업무들을 해보고 싶다는 욕심을 냈고 스스로 길을 만드는 선택을 하게 된다.

가끔 '첫 조직에서 일을 계속했다면 지금의 나는 어떤 모습일까?' 하고 상상해 본다. 아마도 품질 담당으로 승진하고 임원도 될 수 있었을 것이다. 아니면 엔지니어로서 전문성을 키워 다른 길을 갈 수도 있었을 것이다. 그러나 어떤 길이든 내가 만들어 걸어온 길보다 만족스럽지는 않았을 것이다.

지금에 와서 나는 후배들에게 "시작한 지점에 머물러서는 자칫 우물 안 개구리가 될 수 있다. 자신의 역량을 발휘할 수 있는 도전을 끊임없이 해야 한다."라고 조언한다. 실제 조직 생활을 하다 보면 하고 싶은 일과 관심이 가는 일이 무궁무진하게 펼쳐지게 마련이다. 물론 섣불리 움직이는 것은 지양해야 하지만 선택하고 나아가는 것을 망설이며 기회를 놓치는 것도 경계해야 한다.

특히 사회초년생 시절에는 주어진 길을 열심히 가는 것이 전부다. 그러다 때가 되면 스스로의 길을 준비하고 개척해야 한다. 이때는 과감히 '시작은 결코 절반이 아니다. 시작은 시작일 뿐이다.'라고 생각하고 안주하려는 마음을 떨쳐내야 한다. 본격적인 성장과 성취가 시작되는 인생의 터닝 포인트는 그렇게 만들어진다.

스스로에게 끊임없이 기회를 주라

한번은 삼성그룹 종합연수원에 불려 간 적이 있다. 높으신 분이 "그룹을 위해 큰일을 해보자."라며 연수원 교육 담당을 맡아보라고 했다. 그룹 교육 전체를 주관하기 때문에 사람을 많이 만날 수 있는 자리였다. 지금처럼 머리가 굵은 후였다면 제안을 받아들였을 법도 한데 당시는 썩 내키지 않았다. 엔지니어로 성장해야 한다는 막연한 생각을 하고 있을 때라 교육 담당이라는 커리어가 도움이 될지 알 수 없었다. 이런저런 생각을 해본 뒤에 가지 않겠다는 결정을 했다. 그러나 연수원에서는 내 의사를 수락하지 않았다. 강제 발령을 낸다는 이야기를 듣고서는 "그럼 저는 퇴사를 하겠습니다."라고 엄포를 놓았다. 그렇게 품질 담당의 자리를 지켰다.

그랬던 내가 몇 년이 지나 "더 큰 일을 해보고 싶습니다."라며 다른 분야에서 새로운 도전을 해보고 싶다고 했을 때 상사는 어떤 생각이 들었을까? 상무님은 알았다며 기회가 된다면 교육 기회를 주겠다고만 했다. 마음이 조급해진 것은 나였다. 현재가 불만족스러운 것은 아니었다. 하지만 더 의미 있는 일을 맡아보고 싶다는 욕심이 들자 가만히 있을 수가 없었다. 인사팀까지 찾아가 기회가 될 만한 것이 뭐가 있는지 알아보고 담당자를 보채기도 했다. 그리고 3개월 정도 지났을 때 진짜 기회가 찾아왔다.

삼성그룹에 테크노 MBA라는 인재 육성 제도가 신설됐다. 엔지니어에게 MBA 교육을 시켜 경영 실력까지 겸비한 인재를 육성하겠다는 취지였다. 당연히 내가 가야 할 곳이었다. '스스로에게 기회를 줘야겠다.'고 굳게 다짐했다. 물론 기회를 잡기까지 쉬운 것은 없었지만 말이다.

MBA는 국내와 국외로 선택할 수 있었다. 국내로 가면 인적 네트워크 형성이 쉽고 주변 학문을 다양하게 배워 제너럴리스트로 성장할 수 있다는 이야기를 들었다. 국외로 가면 경영학을 독하게 배워 전문가로 실력을 키울 수 있을 것 같았다. 두 가지 선택지를 두고 내가 선택한 것은 국내였다. 교수, 동료들과 유대관계가 잘 만들어지면 앞으로도 많은 도움을 받을 수 있을 듯했기 때문이다. 바로 입학 준비를 시작했다.

MBA에 가려고 한다는 소문이 퍼지자 동료들이 인사를 했다. "카이스트에 간다며?" "시험을 봐야 하니 잘 몰라요." 나는 자신 없게 대답했다. 동료들은 "당연히 붙겠지."라며 웃으며 대꾸했다. 그때 속으로 '떨어지면 퇴사해야겠다. 창피해서 회사는 못 다니겠다.'고 생각했다. 당시 30대 중반의 젊은 과장이었던 나는 나름으로 연차를 쌓은 상태라 시험에 떨어지면 회사에서 얼굴을 들고 다닐 수가 없을 듯했다. 절박한 마음으로 공부에 매달렸다.

카이스트 MBA는 산학연계 교육이지만 입학을 위해서는 시험을 봐야 했다. 영어 시험의 커트라인은 60점인데 첫 모의시험에서 16점을 받았다. 처음부터 막막했다. 영어 지문에는 백악기와 중생대 공룡 종류가 나오고 먹이와 화석 등의 내용이 전개됐다. 단어와 내용이 너무 생소했다. 오지선다형이었는데 확률을 계산해 보니 대충 찍었다가는 0점이 나오게 설계돼 있었다. 스트레스를 받으며 노트 3권에 달하는 영어단어를 외우고 또 외웠다. 그렇게 매달린 덕에 간신히 영어 시험에 합격할 수 있었다.

회사 업무를 인계하고 카이스트가 있는 대전으로 온 가족이 이사를 갔다. 경영학 공부를 제대로 할 것을 생각하니 무척이나 설렜다. 1학기에 4~5개 과목을 들었는데 청강으로 2~3개 과목을 더 들었다. 회계, 재무 등도 빼놓지 않았다. 통계학 과목은 단연 까다로웠고 애를 많이 먹였다. 매주 100페이지 분량의 진도가 나갔고 숙제도 제출해야 했다. 주말을 가족과 보내자면 토요일 새벽까지 밤을 꼬박 새워야 했다. 통계학 시험 문제에 미적분까지 출제가 돼 고등학교 때 보았던

『정석: 수학2』를 다시 풀기도 했다. 반면 리더십 과목은 가장 흥미로웠다. 비전 제시와 동기부여 등의 개념을 접하며 훌륭한 리더십이 무엇인지 고민을 많이 했다. 회사 복귀 후에도 가장 많은 도움이 됐다.

도전 의식은 기회의 문을 여는 열쇠다

MBA를 마치고 나는 새로운 출발선에 섰다. 그간 접해보지 못했던 마케팅팀, 경영진단팀, 일본법인 등을 거쳤다. 그사이 승진하고 임원과 일본법인장을 거쳐 사장이 됐다.

삼성SDI 사장이 되고 나서 사보용 콘텐츠 제작을 위해 주니어들을 만난 적이 있다. 'CEO리더톡'이라는 챕터를 구성하는 것이었는데 '사장이 걸어온 길'을 알아가는 내용이었다. 질문의 상당 부분은 평사원으로 입사한 사장이 어떻게 CEO로 성장했는가에 관한 것이었다.

앞서 이야기한 것처럼 품질에서 10년 근무한 후 '큰일을 해보고 싶다.'는 비전을 품기는 했지만 감히 나는 '경영자가 되겠다.'는 생각은 하지 못했다. 그래서 어쩌면 기회라고 할 수 있는 제안도 일부러 거절했다. 그런 내게 경영자라는 '꿈의 씨앗'을 뿌린 것은 '상사의 말 한마디'였다.

전배 요청을 위해 상사와 면담했던 자리로 기억한다. 상사는 "당신이 경영자적 자질이 있어 키워보려고 했는데 아쉽다."라는 말을 했다. 그 한마디 말을 듣고 나는 '내게 경영자적 자질이 있는가?' 하는 자문을 처음 해보게 됐다. 그 말을 몇 번 곱씹어 본 후 '내게 정말 경영자적 자질이 있다면 한번 잘 다듬어 봐야겠다.'고 결심하게 됐다. 지금까지도 나는 그 상사에게 고마운 마음을 갖고 있다. 내게 새로운 가능성을 열어준 것은 물론이고 수많은 기회를 알아볼 수 있게 해주었기 때문이다.

"기회는 머리카락이 없다."라는 말이 있다. 실제 기회의 신으로 꼽히는 카이로스를 형상화한 그림을 보면 뒤통수가 민머리로 돼 있다. 미처 알아채지 못하고 기회를 흘려보낸 많은 사람이 뒤늦게 잡아보려 애를 쓰지만 머리카락이 없어 잡을 수 없다고 한다. 그런데 요즘은 시대가 바뀌었다. 4차 산업혁명 시대이자 열린 사회가 되다 보니 기회가 초마다 찾아온다고 한다. 언제든 노력과 선택을 통해 기회를 잡을 수 있다는 것이다. 나 역시 기회의 문은 늘 열려 있다고 생각하는 쪽이다. 특히 주니어 시절에는 몇 번의 기회를 흘려보냈다 해도 이를 만회할 충분한 시간이 있다. 부족함을 채우고자 하는 갈증과 실타래처럼 엉킨 문제를 풀어내려는 도전 의식은 기회의 문을 여는 열쇠가 될 것이다.

2

충분한 도움닫기가 티핑 포인트를 만든다

기대보다 준비로 임계점과 변곡점을 맞이하라

티핑 포인트tipping point는 튀어오르는 포인트를 말한다. 진행 방향이 바뀌는 것을 '터닝 포인트turning point'라고 한다면 티핑 포인트는 수면 아래 있던 노력의 결과가 수면 밖으로 튀어오를 때를 말한다. 유사한 개념이 수학의 변곡점과 물리학의 임계점이다. 인생의 가치관, 사회적 현상, 경제적 추세가 바뀌는 터닝 포인트는 변곡점과 같은 중대한 전환점이다. 새로운 질서가 만들어지는 티핑 포인트는 임계점과 같아 물질의 성질이 바뀌곤 한다.

성공한 사람들의 이야기를 들어보면 중요한 티핑 포인트와 터닝 포인트가 있었다고 한다. 많은 주니어도 자신만의 티핑 포인트와 터닝 포인트가 만들어지길 고대한다. 그러나 현실적 조언을 하자면 '기대'보다 '준비'가 먼저다. 임계점과 변곡점은 자동으로 나타나지 않는다. 액체인 물이 끓기 시작해 수증기로 변화하는 임계점을 떠올려 보라. 일정한 온도와 압력 없이는 임계점이 찾아오지 않는다. 방향이 바뀌고 구조와 성질이 달라지기 위해서는 축적된 에너지가 필요하다. 인생도 다르지 않다.

곧잘 인생과 비교되는 마라톤을 보자. 2023년 시카고 마라톤에서 케냐의 켈빈 킵툼 선수가 세운 세계 기록은 2시간 35초다. 42.195킬로미터를 2시간 만에 달리려면 100미터를 17초로 계속 달려야 한다. 그 속도로 2시간을 달려야 한다. 운동으로 밥을 먹고 사는 운동선수라고 해도 모두에게 가능한 것은 아니다. 마라토너들은 어떻게 그 시간을 견뎌내는 것일까?

스포츠 과학자들은 35킬로미터 정도를 달리고 나면 죽음의 구간에 돌입한다고 한다. 숨이 막혀 달릴 수 없는 극한의 고통이 몰려오는 구간이다. 그런데 그 순간을 통과하고 나면 다시 달릴 수 있는 평온의 시간이 찾아온다고 한다. 이봉주 선수 역시 '마라톤 완주의 방법'으로 세 가지 규칙을 이야기했다. 첫째가 규칙의 힘을 믿어라. 둘째가 믿음직한 페이스메이커를 두어라. 그리고 셋째가 죽음의 구간인 데드 포인트에서 절대 포기하지 마라다.

인생에도 규칙이 있다면 노력은 배신하지 않고 배운 것은 어디 가지 않는다는 것이다. 주니어 시절은 변화를 만들 에너지를 축적하는 시기다. 추세의 끝에 다다라야 변곡점을 맞을 수 있고 임계의 에너지를 넘어서야 튀어오를 수 있다. 지난한 과정의 끝에 서야 도약의 순간을 만날 수 있다. 완주를 위해 우리도 마라토너처럼 '인생의 규칙'을 믿어야 한다.

도움닫기 후에 도약할 수 있다

"한 분야에서 얼마나 오래 실력을 쌓는 게 좋을까요?"

'CEO리더톡'에서 주니어들이 물었던 질문이다. 조직에서 업무 전환을 위해 어느 정도 시간을 두는 것이 좋으냐는 질문이었다. 나의 대답은 간단했다. "한 분야의 전문가가 되었는가?"라는 물음에 "그렇다."라고 답할 수 있다면 옮겨도 된다는 것이었다. 덧붙여 급한 마음에 다양한 부서를 경험해 보고 싶어서 수박 겉핥기식으로 옮겨 다니는 것은 도움이 안 된다고 말했다.

핵심은 업무의 본질을 이해하는 것이다. 일례로 세일즈맨이라면 판가와 수요를 입력할 수 있고 거래선을 설득해 가격을 협상할 수 있어야 한다. 그리고 제품 생산과 출하가 어떻게 이뤄지는지도 알아야 한다. 이 모든 것을 알아야 세일즈맨으로서 역량을 갖췄다고 할 수 있다. 그러나 이러한 것은 업무 프로세스의 하나일 뿐이다. 경험이 쌓이고 나면 더 큰 그림을 볼 수 있어야 한다. 고객이 누구인지를 정의하고 고객이 진짜 원하는 게 무엇인지 알아야 하고 현재의 경쟁사는 물론 잠재적인 경쟁사까지 파악하고 있어야 한다. 산업의 전개를 예상하고 그에 맞는 세일즈 전략도 세울 줄 알아야 한다. 이 모든 과정이 가능하다면 자타 공인 세일즈 전문가라 할 수 있다. 다른 어떤 분야로 나아가든 그의 능력은 상당한 자원으로 작용할 가능성이 크다.

안타깝게도 현장에서는 '전문가'가 되기 전에 자리를 이탈하는 이들이 많다. 현재의 일에서 비전을 찾지 못해 다른 일, 다른 사업, 다른 영역으로 눈을 돌린다. 자칫 귀한 시간을 흘려보내고 '어중이떠중이'로 전락할 수도 있으니 주의해야 한다.

얼마 전 주니어들에게 "회사도 인생도 존버"라는 이야기를 듣고 몹시 씁쓸했다. 현재의 어려운 시간을 온전히 버텨내는 것에 '존버' 대신 '도움닫기'라는 이름을 붙이고 싶다. 멀리뛰기 세계 기록은 8미터 95센티미터. 1991년에 마이크 파월 선수가 세운 이 기록은 30여 년째 깨지지 않고 있다. 그가 9미터 가까이 비상하기 위해 뛴 도움닫기 거리는 약 45미터였다. 바람을 맞고 화려하게 날아오른 거리보다 온 힘을 다해 트랙을 달린 거리가 5배나 길다. 비상을 꿈꾸고 있다면 먼저 충분한 도움닫기를 하고 있는지 스스로에게 물어야 할 것이다.

가장 절망할 때 기회가 열린다

성장의 시기에는 희망만 있는 게 아니다. 절망도 있다. 가장 가까운 예로 지난 코로나19가 있다. 얼마나 많은 사람이 어려움을 겪고 불안에 떨었던가. 언젠가는 지나갈 것을 알고 지나고 보면 별거 아니라고 생각되는 시련도 막상 눈앞에 닥쳐올 때는 미래가 오지 않을 것

같이 암울하다.

영국의 역사에서 1666년도 그러한 해였다. 라틴어로 '아누스 호리빌리스(Annus horribilis, 절망의 해)'로 불릴 만큼 끔찍한 해였다. 런던 인구의 4분의 1이 흑사병으로 죽었고 살아남은 이들은 도시를 떠나 시골로 흩어졌다. 예술은 후퇴했고 사회계급은 무너졌다. 여행이 금지되면서 생활은 고립됐다. 죽음을 몰고 오는 역병을 피해 많은 사람이 고향으로 돌아갔다.

고향으로 돌아간 이들 중에는 아이작 뉴턴도 있었다. 2년 전인 1664년 장학금을 받고 케임브리지대학교에 입학했으나 휴교령에 따라 고향인 울즈소프로 돌아갈 수밖에 없었다. 1667년 4월 대학이 다시 문을 열 때까지 고향 집에 머물러야 했다. 뉴턴은 고향 집에서도 연구를 계속했다. 그런데 이때의 성취가 어마어마했다. 훗날 사람들은 절망의 해인 1666년에 '아누스 미라빌리스(Annus mirabilis, 기적의 해)'라는 새로운 이름을 붙이기로 했다.

당시 뉴턴이 남긴 업적은 크게 세 가지였다. 첫째, 빛의 신비(굴절과 분산)를 알아냈다. 빛은 프리즘을 통과하면서 무지개색으로 분해된다. 그러나 사람들은 그 이유를 몰랐다. 뉴턴은 굴절과 분산을 통해 백색광이 다양한 색채의 광선으로 바뀌고 단색광들이 하나로 뭉쳐지면 다시 백색광으로 바뀐다는 사실을 밝혀냈다. 둘째, 만유인력 법칙을 발견했다. 뉴턴은 질량을 가진 두 물체가 서로를 끌어당기는 원리를 수식으로 표현했다. 이전에 갈릴레오는 피사의 사탑에서 무거운 공이 가벼운 공보다 빨리 떨어진다는 아리스토텔레스의 이론을 뒤집었지만 이론적으로 설명하지는 못했다. 뉴턴의 발견을 통해 갈릴레오의 관찰을 증명하게 됐고 지구상의 물체가 땅으로 떨어지는 것과 지구가 태양 주위를 도는 것을 동일한 원리로 설명할 수 있게 됐다. 셋째, 미분과 적분을 발견했다. 천체의 운동은 본질적으로 동적이라서 정적인 유클리드 기하의 세계에서는 설명할 수 없었다. 뉴턴은 미분과 적분을 통해 이를 해결했다.

"하나의 문이 닫힐 때 다른 문이 열린다."라는 스페인 속담이 있다. 장애를 극복하고 세계의 리더로 활약했던 헬렌 켈러는 "닫힌 문을 너무 오랫동안 쳐다보고 있으면 등뒤에 열린 문을 보지 못한다."라고 말했다. 주변의 상황이 자신을 도와주지 않는다고 느낄 때 절망에 빠져만 있어서는 안 된다. 열려 있는 다른 문을 찾아 당당히 걸어들어갈 수 있어야 한다. 그러면 절망의 가면을 쓰고 다가오는 기회를 맞이할 수 있을 것이다.

3

힘들 때 가장 많이 성장한다

가장 힘든 시기에 가장 많이 성장한다

흔히들 가장 힘든 시기에 가장 많이 성장한다고 한다. 사회 생활을 하다 보면 여러 어려움이 있지만 내게는 '무능을 확인하는 것'만큼 힘든 일은 없었던 듯하다. 그런데 생각해 보면 그 시기에 가장 많이 성장한 것도 사실이다.

회사 생활 15년 만에 그룹 경영진단팀으로 발령받았다. 당시 나는 스스로를 일 잘하는 직원이라고 생각했고 자부심도 있었다. 그러나 얼마 후 "한 사람 몫을 하기도 미흡하다."라는 자평을 할 만큼 힘든 시기를 맞게 됐다.

경영진단팀은 삼성의 전자 계열사, 금융 계열사, 독립 계열사 등

그룹의 각사를 진단해 보고서를 쓰는 일을 했다. 경영 현황과 문제점을 파악하고 해결책까지 제시하는 보고서였다. 진단은 약 한 달간 진행되는데 회사의 업무 현황과 문제점을 파악하고 상당량의 보고자료를 만든다. 이를 바탕으로 직접 글을 쓰는 주필팀이 문제점과 대안을 정리해 보고서를 작성한다. 핵심은 객관적 데이터를 바탕으로 명확하고 논리적인 보고서를 쓰는 것이었다.

나는 첫 프로젝트로 '정보가전 분야' 진단에 투입됐다. 메인 보고서 작성 전에 혼자서 100페이지 정도의 보고자료를 만들었다. 그걸 두고 치고받는 토의가 진행됐다. 그 과정에서 주관적이고 단편적인 정보가 걸러졌다. 이후 주필팀이 공을 들여 보고서를 작성했다. 그런데 최종 보고서를 보니 내가 쓴 내용은 단 한 줄도 반영되지 않았다. 내가 지적한 문제점들이 경영 차원에서 매우 낮은 수준이어서 그렇게 된 것이었다.

자존심이 상한 것은 물론 제대로 역할을 하지 못하고 있다는 생각에 주눅까지 들었다. 회식 자리에서 능력이 없어 자존감이 확 떨어진다고 선배에게 하소연했다. 이야기를 들은 선배는 희미하게 웃으며 술잔을 기울였다.

"당연하죠. 저도 처음에는 태평로 빌딩 옥상에서 확 뛰어내릴까 했습니다."

선배의 말에 정신이 번쩍 들었다. 뛰어난 인재로 인정받는 베테랑 선배도 나와 같은 좌절과 고통의 순간이 있었다는 것이 믿기지 않았다. 동시에 '그렇다면 나도 할 수 있지 않을까?'라는 희망이 생겼다.

물론 기량은 단박에 좋아지지 않았다. 모르는 것은 여전히 모르는 것이었다. 이후에 호텔신라 진단을 나갔을 때 일이다. 푸아그라를 먹고 맛을 평가해야 하는데 몹시 어려웠다. 먹어본 적이 없으니 당연한 일이었다. 다른 식당에 가서 맛을 비교해 봐도 마찬가지였다. 결국 프랑스 대사관 직원들과 미식가 협회에 등록된 미식가들을 불러 호텔신라의 맛을 평가해달라고 부탁했다. 그렇게 모르는 것을 알아가며 보고서를 썼다.

막막할 때는 기존에 발간된 보고서를 읽었다. 10년 치 보고서를 다 읽고 주필팀에 따라 보고서가 어떻게 달라지는지 정리한 적도 있다. 집중했던 내용, 시각, 평가 등을 다시 정리하며 필수요소를 추려보았다. 그런데도 막상 진단을 나가서는 회사의 문제점이나 대책 방향 등에 대해 너무 고민이 돼 낙도에 가서 바다만 몇 시간 바라보다 온 적도 있다.

그렇게 만 4년을 경영진단팀에서 보냈다. 한 조직에서 보낸 35년 가까운 시간에서 4년은 그리 긴 시간이 아닐 수 있다. 그러나 경영진단팀에서의 4년은 '조직에서의 티핑 포인트'를 이야기할 때 꼽는 가장 중요한 시간 중 하나가 됐다. 그 시절은 리더로서 가져야 할 시각과 통찰을 배운 값진 고난의 시간이었다.

기회가 왔을 때는 바닥부터 싹 바꿔라

승진이나 전배는 에너지가 많이 필요하다. "자리가 사람을 만든다."라는 말은 결과만을 이야기하는 것이다. 대부분의 사람은 자리에 맞는 사람이 되고자 무진 애를 쓴다.

일본법인장으로 부임했을 때는 책임자의 자리에 서야 한다는 부담감이 컸다. 처음부터 나 스스로 걸맞은 자격을 갖추지 못했다는 냉정한 평가를 하고 자격을 갖추고자 큰 노력을 했다. 일본어를 다시 배우고 영업 경험이 없는 것을 만회하기 위해 미팅을 많이 다녔다. 팔아야 할 제품에 대한 지식을 쌓고자 제품과 안내서를 보고 또 봤다.

다행히 내가 일본에 머문 시기는 시장이 급성장하던 때였다. 디지털카메라가 처음 출시돼 크게 인기를 끌었다. 일본의 거의 모든 대형 가전사가 앞다퉈 진출했다. 덩달아 디지털카메라에 들어가는 플래시 메모리 수요가 급증했고 일본법인의 매출도 치솟았다. 시황이 좋은데다 강력한 카리스마를 갖고 조직을 드라이브하니 성장세가 두드러졌다. 그야말로 신바람 나게 일했다. 고객사와 가격 실랑이도 하고 반도체 공장에 불이 나서 애를 끓이기도 했지만 여느 때보다 시간이 빠르게 지나갔다.

6년 만에 다시 본사로 발령이 나 직원들과 회포를 푸는 송별회가 열렸다. 추억들을 정리하는 자리에서 듣게 된 나의 별명은 '태풍'이었다. 업무를 진행할 때 하도 몰아붙여서 정신이 하나도 없었다고 한다. 직원들은 나를 '조태풍'이란 별명으로 불렀다. 나는 화답하는 뜻으로 "태풍보다 쓰나미가 되고 싶다."라고 말했다. 태풍은 바람이 휘몰아쳐 굉장히 강한 듯하지만 표피적인 것일 뿐 바닥의 것을 뒤집어 완전히 새롭게 하지는 못한다. 반면 쓰나미는 단층과 단층이 만나 올라오기 때문에 심해부터 지면까지 전체적으로 바뀌게 된다. 실제 나는 어느 자리에서든 쓰나미같이 일하고 싶었다. 나 자신도 쓰나미처럼 온전히 새로워지고자 애를 썼다.

오랫동안 타산지석으로 삼은 경영학 이론서 중에 『피터의 법칙』이 있다. 1968년 책으로 출판된 이래 경영학의 트렌드를 바꿀 만큼 많은 사람에게 회자된 이론이다. 미국의 교육학자 로렌스 피터Laurence J. Peter는 "수직적 계층 구조에서 대다수의 직원은 자신의 무능함을 드러내는 자리까지 승진한다."라고 주장했다. 이런 지적이 가능한 이유는 대부분의 조직이 직책에 맞는 사람을 선택할 때 그 자리에 걸맞은 능력이 아니라 하위 직책에서 이룬 실적을 기준으로 하기 때문이다. 과거의 실적을 바탕으로 승진한 이들은 승진한 직책에 걸맞은 역량을 발휘하지 못하는 무능을 드러내며 조직을 비효율적으로 만든다. 승진과 전배 통보를 받을 때마다 '피터의 법칙을 증명하는 사례는 되지 말자.'고 다짐했다.

새로운 자리는 누구에게나 기회다. 걸맞은 사람이 되려는 노력은 자신의 한계를 넘어서는 계기가 되기도 한다. 이왕이면 바닥부터 새롭게 하는 것을 권한다. 높아진 자리만큼 높은 성장도 가능하니 티핑 포인트의 필요충분조건을 갖췄다고 하겠다.

목표 수립 – 실행 – 반성이라는 루틴의 힘을 활용하라

앞서 경영진단팀과 일본법인 두 개의 조직에 몸담았던 이야기를 했다. 각각의 조직에 머문 시간은 4년과 6년이다. 하루아침에 이루어진 것은 없었다. 일상의 수고로움에도 일어나는 매일의 변화는 미약하다. 큰 목표일수록 더 많은 시간이 소요된다는 생각으로 우직하게 밀고 나가야만 한다.

긴 과정이 예상될 때는 '루틴'의 힘을 활용하는 것이 좋다. 가끔은 불같은 성격으로 몰아붙이고 되든 안 되든 끝까지 해본다며 의지를 불태우지만 결과가 나오기까지 과정은 화롯불에 주전자를 올리고 물이 끓어오르기를 기다리는 것만큼 지루하다. 동일한 로직을 반복하는 루틴은 지루함을 견디는 효과적인 전략이다.

목표 수립 – 실행 – 반성은 성과를 만드는 가장 단순한 로직이다. 크고 작은 목표를 세우고 실천한 후 결과를 반성하며 다음을 계획한다. 업무를 진행하는 것이든 개인의 삶에서든 마찬가지다. 목표를 세우고 실행한 후 이를 점검하는 루틴을 습관처럼 적용한다. 한 번의 사이클을 마쳤다면 다음 단계의 목표 수립 – 실행 – 반성을 진행한다. 중요한 것은 매일매일 목표 수립 – 실행 – 반성 중 하나를 실행하는 것이다. 세 가지를 마치는 사이클은 섭씨 1도를 끌어올리는 에너지일 뿐이지만 사이클을 100번 반복하면 얼음을 끓게 할 수도 있다. 루틴이 반복될수록 축적된 결과물은 많아지고 가고자 하는 목표는 높아진다.

인간은 다르면서 다르지 않다. 임계점을 넘어서기 위해서는 가능하다는 믿음과 추진력이 필요하다. 그러나 매 순간을 열정으로 채울 수는 없다. 루틴의 힘을 활용하라. 가장 힘든 시기를 넘기면 가장 많은 성장을 경험할 것이다.

3부

[내재 역량 키우기]

포기하지 않는
꾸준함이
곧 힘이다

5장

자신을 긍정하는 경험주의자가 돼라

1

나를 믿고 포기하지 않으면 된다

믿음이 변화를 가져온다

하드디스크 드라이브HDD 사업을 맡았을 때 일이다. 3개 라인이 있었는데 2개 라인은 생산을 하고 1개 라인은 불량품을 해체해 수리하는 데 사용했다. 불량률이 10%나 되니 비효율이 엄청났다. 임직원들에게 "불량률을 1%로 낮추자."라는 목표를 제시했다. 엔지니어들은 이런저런 기술적인 이유를 대면서 어렵다고 했다. 그러나 어렵다고 두 손을 놓고 있을 수만은 없었다. 몇 번이고 불량을 낮추는 방법을 물었다. "불가능하다."라는 대답만 돌아왔다.

결국 나는 "이제 불가능하다는 이야기는 그만 듣겠다."라며 전 임직원을 불러 모았다. 각자에게 임무를 주고 개선안을 내도록 했다.

불량 개선 담당 임원까지 지정했다. 그렇게 경영자가 강력하게 밀어붙이자 엔지니어들이 아이디어를 내놓기 시작했다. 매주 회의를 주관하면서 수개월을 지속하자 눈에 띄게 불량률이 낮아지기 시작했다. 나중에는 원하던 목표까지 달성하게 됐다. 이후 포상을 겸해 직원들과 회식을 했다. 그간의 경과를 이야기하는 자리에서 한 직원이 일어나 개인적인 소감을 이야기하겠다고 했다.

"이제는 어떤 일에 부닥쳤을 때 '내가 정말 해낼 수 있을까?'라고 생각하지 않습니다. '까짓것 한번 해보지.'라고 생각합니다. 그게 이번 효율화 프로젝트에서 얻은 가장 큰 성과입니다."

직원의 소감을 듣던 나는 '뭔가 변화가 시작됐구나.'라고 생각했다. 이후로 회사 분위기가 사뭇 달라졌다. 직원들이 '되는 방향'으로 생각하고 '되는 방향'으로 아이디어를 내자 회사도 '되는 방향'으로 나아갔다. 믿음이 변화를 가져온다는 것을 실감한 순간이었다.

긍정적 자세가 지혜를 얻게 한다

'긍정적인 자세'는 많은 조직에서 언급하는 인재의 자질이다. 큰 조직의 인사 담당자에게서 지원자의 자세를 어떻게 판별해 내는지 물어본 적이 있다. 대부분의 지원자는 밝은 표정과 태도로 면접에 임한다. 그러다 보니 일반적인 사람들은 지원자의 표정과 태도만으로 그가 긍정적인 사람인지 아닌지를 판단하기 어렵다. 인사 담당자는 적절한 질문을 통해 지원자의 자질을 확인한다고 답했다. 직간접적이면서 다면적인 물음의 핵심은 "변화에 대해 어떻게 생각하는가?" 였다. 충분히 납득이 되는 부분이었다.

오랫동안 조직 생활을 해보면 긍정적인 사람과 그렇지 않은 사람은 '변화'에 임하는 자세에서 극명하게 차이가 난다는 것을 알 수 있다. 긍정적인 자세를 가진 이들은 '변화는 좋은 것'이라 생각한다. 새로운 배울 거리가 생길 거라고 여기고 그에 따라 새로운 기회가 주어질 거라 기대한다. 자신을 한 단계 업그레이드할 수 있으리라는 생각에 흥분과 설렘을 감추지 못한다. 부정적인 자세를 가진 이들은 이와는 반대다. 이유나 근거 없이 현재를 고집하고 바뀌는 것을 귀찮아 한다. '그런다고 뭐가 달라지겠어?'라는 회의적인 태도를 보인다. 시니어들 사이에서는 "변화가 두렵거나 싫으면 은퇴를 고민해야 할 때"라는 말도 돈다. 자기 안의 긍정 에너지가 바닥을 드러내기 전에 조직을 떠나야 한다는 말이다.

긍정적인 사람들은 변화를 좋아할 뿐만 아니라 '내면의 힘에 대한 신뢰'도 강하다. 난제에 봉착했을 때도 치열하게 고민하고 결정하고 나면 뒤돌아보지 않고 앞으로 나간다. 상황을 컨트롤할 수 없다면 자신을 컨트롤하면 된다며 포기하지 않고 계속 에너지를 쏟는다. 결과에 대해서도 수긍이 빠르다. 결국 잘될 사람은 잘될 수밖에 없다.

16세기 프랑스의 철학자 몽테뉴가 『수상록』에서 "가장 현명한 지혜는 늘 긍정적인 자세를 잃지 않는 것이다."라고 조언했다. 나는 그 반대도 틀리지 않다고 생각한다. 긍정적인 자세를 잃지 않으면 현명해지는 지혜도 얻을 수 있다.

완벽함보다 꾸준함이 실력을 키운다

나는 각종 사업을 하면서 막다른 골목에 다다른 것 같을 때 '하다 보면 되겠지.'라는 생각으로 희망 회로를 돌리곤 했다. 끝까지 하다 보면 뭔가 길이 보이지 않겠나 하는 다소 무식한 생각이었다. 그런데 얼마 전 책을 읽다가 그 생각이 틀린 것이 아니었다는 것을 확인했다.

『빠르게 실패하기』라는 책에서 테드 올랜드와 데이비드 베일즈가 『예술가여, 무엇이 두려운가!』에 발표한 '도자기 공예 실험' 결과를 소개했다. 올랜드와 베일즈는 도자기 공예 수업을 듣는 학생을 두 그룹으로 나누어 실험을 진행했다. 한 그룹에는 많은 수의 도자기를 만든 학생에게 높은 점수를 주겠다고 했다. 50개를 만든 학생은 A를 받고 40개를 만든 학생은 B를 받는 식이다. 자신이 만든 도자기 개수에 따라 성적을 받게 되므로 학생들은 '많은 도자기를 만드는 것'에 집중했다. 다른 그룹의 학생들에게는 한 학기 동안 만든 도자기 중 최고의 작품 한 점을 평가해 점수를 주겠다고 했다. 최고의 한 작품만이 채점의 기준이 되므로 학생들은 완벽한 한 작품을 만드는 것에만 집중하면 됐다.

두 그룹의 작품을 평가한 올랜드와 베일즈는 "미적, 기술적, 섬세함 면에서 최고의 작품을 제출한 학생들은 모두 첫 번째 그룹에 속한 학생들이었다."라고 실험 결과를 발표했다. 도자기 공예 실험이 보여준 것은 '양'이 '질'보다 우선한다는 것이다. 단순히 질을 높이는 데만 집중하다 보면 연습이 부족해져 실력이 좋아지지 않는다. 차라리 더 많이 만들어보겠다는 생각으로 생산량을 늘리면 능숙해지고 유능해지면서 작품의 질도 높아진다. 현실에서도 '완벽한 한 점'에 집중하기보다 '꾸준히 계속하는 것'이 실력을 키운다. 어떤 일을 끈기 있게 계속하다 보면 어느 순간 원하는 성과를 얻을 수 있는 것도 이 때문이다.

살면서 만나는 대부분의 과제는 포기만 하지 않으면 차차 나아진다. 앞으로 나아가는 사람에게 현재의 미숙함은 과정일 뿐이다. 이 순간을 극복하기 어렵다면 '자기 최면'을 활용하라. '나는 해낼 수 있다.'는 믿음이 앞으로 나아가는 발걸음을 가볍게 해줄 것이다.

2
마음 밭을 가꿔야 결실이 맺힌다

마음은 눈에 보인다

경영자가 되고 나서 대학생들의 멘토가 되기를 자청해 한국장학재단 멘토링 프로그램에 참여해 대학생들을 만나고 있다. 일종의 자원봉사 활동으로 앞으로 이 사회의 주역이 될 청년들에게 작은 도움이라도 주고 싶다는 욕심에서였다.

노회한 경영자로 품위를 지키되 '꼰대'라는 소리는 듣지 않도록 주의하자고 마음을 다잡고 미팅 자리에 나갔다. 20대 젊은 대학생들을 코칭하며 이왕이면 허심탄회하게 삶의 방향을 이야기하고 바른 길을 알려 주고자 했다. 그런데 어떤 날은 침울한 기분으로 잔소리를 늘어놓고 말았다.

"앞으로 커리어는 어떻게 쌓아갈 계획인가요?"

"저는 대기업에 입사했다가 3년 정도 경력을 쌓은 후 후발 기업으로 전직할 예정입니다."

대답을 들은 나는 고개가 갸웃했다. '중고 신입'이라는 말이 유행할 정도로 대기업 입사가 어려워 중소기업에 먼저 취업했다가 대기업에 다시 도전하는 청년들이 많다고 한다. 그런데 멘티 청년은 그와는 반대되는 계획을 세우고 있었다. 그 이유가 궁금했다.

"왜 대기업에서 후발 기업으로 전직하려고 하나요?"

"대기업은 일하기가 힘들다고 하니 일을 좀 배운 후에는 일이 수월하다는 후발 기업으로 가서 직장 생활을 하고 싶습니다."

순간 머리를 세게 얻어맞은 기분이었다. 각자 사회 생활에 대한 기대와 목표가 다르고 모두가 같은 길을 가야 하는 것은 아니라지만 "쉬운 일을 찾아 편한 직장으로 가고 싶다."라는 말은 받아들이기가 힘들었다.

"입장을 바꿔서 생각해 봅시다. 대기업이고 후발 기업이고 청년 같으면 자신 같은 사람을 채용하겠습니까?"

그럼에도 멘티 청년은 원하는 곳에 채용이 될 것이라는 막연한 확신을 하고 있었다. 나는 멘토이자 코치 이전에 인생의 선배로서 "마음은 눈에 보인다."라는 쓴소리를 했다. 사람의 생각과 마음가짐은 그 자체로는 물성을 가지고 있지 않지만 말과 행동 어느 곳에서 배어나지 않는 것이 없다. 그래서 마음은 눈에 다 보인다. 굳이 의도를 한다면 잠깐은 감추거나 속일 수 있겠지만 오래 가지 못한다. "성실하고 진실해라."라는 가르침이 반복되는 이유다. 처음부터 누군가 들여다 보았을 때 부끄러울 마음은 먹지 않는 것이 최선이고 그러한 마음을 먹었더라도 스스로 고쳐 잡는 것이 차선이다.

평소의 태도가 인생의 궤도를 결정한다

청년들과 이야기하며 우려스러웠던 것 중 또 하나는 '취업'을 '종 착지'로 생각하는 것이었다. 사회에 나온 주니어들도 내 말에 쉽게 공감할 것이다. 취업은 종착지가 아니라 출발점이며 그래서 많은 준 비가 필요하다는 것을 말이다.

우리는 인생에서 중요한 통과의례를 여러 번 경험한다. 대학입시 가 그러하고 취업이 그러하고 결혼이 그러하다. 몇 년간의 노력이 한 번의 시험이나 한 번의 선택으로 판가름이 나고 또 그것이 나머지 인 생에 지대한 영향을 미친다. 따라서 우리 중 몇몇은 '이 한순간만 넘 기면'이라는 생각으로 긴 시간을 견디거나 이후를 고민하지 않는다.

내가 강조하고 싶은 것은 인생은 생각보다 길며 현재 사활을 걸 만 큼 중요하다고 생각하는 일들도 돌아보면 인생이라는 궤도에 찍히 는 하나의 점에 불과하다는 것이다.

"그렇다면 당신이 생각하기에 인생의 궤도를 결정지을 만큼 중요 한 것은 무엇입니까?"

청년들의 질문에 주저 없이 '태도'라는 답을 한다. 태도의 사전적 의미는 '사물을 대할 때 가지는 마음가짐'이나 '몸을 움직이거나 가누는 모양'이다. 평상시의 태도가 매우 중요하다. 30여 년간 조직에 몸담으며 수많은 선후배를 봐왔다. 누군가는 절호의 기회를 잡아 승 승장구하기도 하고 누군가는 그렇지 못해 빛을 발하지 못했다. 그러나 헤아려 보면 평상시 그들이 보여준 태도만큼 사회 생활에서 역량을 발휘했다.

나는 취업을 앞둔 청년들뿐만 아니라 주니어들에게도 새로운 시작을 준비하기에 앞서 '바른 태도'를 갖추기를 당부했다. 당장은 모의 면접을 하며 보이는 부분을 바로잡으려 하지만 거기서 그쳐서는 안 된다. 조직 생활에서 어떤 모습으로 임할 것인가 고민하고 훈련해야 한다.

"태도는 큰 차이를 만드는 작은 것이다."

윈스턴 처칠의 말이 새삼 무겁게 다가온다.

좋은 마음 밭을 가꾸는 게 우선이다

후배들에게 조언할 때 '마음 밭'이라는 말을 자주 언급한다. 사장이 되고 난 후 존경하는 선배님을 찾아뵙고 주니어 시절의 멘토링에 감사 인사를 드렸을 때 "내가 잘한 것이 아니라 당신이 잘한 것이다. 나는 비슷한 이야기를 많은 사람에게 했는데 당신의 마음 밭이 좋아 잘 받아들인 것이다."라는 겸손의 인사를 들은 후부터 '마음 밭'이라는 단어가 일생의 화두가 됐다.

경영자가 되고서 도움을 준 많은 선배를 떠올리며 '그분들께 직접 감사 인사를 할 수 없으니 좋은 회사를 만들어 후배들에게 물려주자.'고 생각했다. 실제 나를 키워준 분들은 이미 은퇴하셨고 일부는 먼저 세상을 떠나신 분들도 있다. 후배들에게 돌려주는 것이 순리라고 생각했다. 경영자 코치가 되겠다는 결심도 멘토 경영을 하겠다는 욕심도 모두 이러한 생각이 바탕이 됐다.

경영자 코칭을 하면서 멘토와 멘티의 역할을 구분해 보았다. 멘토는 멘티에게 동기를 부여하고 가이드를 해주는 사람으로 일종의 '씨를 뿌리는 사람'이다. 멘티는 멘토에게 받은 씨앗을 잘 가꾸어 자신의 것으로 만드는 사람이다. 바로 '마음 밭을 가꾸는 사람'이다.

'씨를 뿌리는 것이 먼저인가, 마음 밭을 가꾸는 것이 먼저인가?'

나는 당연히 마음 밭을 잘 가꾸는 것이 우선이라 생각한다. 자연의 대지는 씨를 뿌리는 사람이 없어도 새싹이 돋고 꽃이 핀다. 나무가 자라기도 한다. 기름진 땅은 이를 가꾸는 정원사가 없어도 바람에 날아가는 이름 모를 씨들이 자라 아름다운 야생화 단지로 바뀐다.

세상이 다양화되고 유연화되면서 '인생의 성공'을 계량적인 수치로 단정하기 어려워졌다. 개인마다 자신이 하고 싶은 일, 되고 싶은 모습이 있을 것이다. 이를 이루기 위해 '좋은 마음 밭'을 일구는 훈련을 해야 한다. 할 수 있다는 믿음, 진솔한 마음, 타인과 조직에 대한 올바른 태도 등이 마음 밭을 가꾸는 데 도움이 될 것이다.

3
자기 성장을 믿는 경험주의자가 돼라

꽃길보다 가시밭길에서 더 좋은 경험을 얻는다

나의 조직 생활에도 '꽃길'이 펼쳐진 시기가 있었다. 흔히 말하는 '잘나가는 사업'으로 발령이 나서 "가만히만 있어도 실적이 쌓이고 앞길이 열릴 것"이라는 이야기를 들었다. 나도 그 이야기를 듣고 안 일해져 정말 그렇게 될 줄 알았다.

그러나 짐을 푼 지 3개월도 지나지 않아 다시 짐을 싸야 했다. 이후로 힘들고 어려운 사업을 여러 번 맡았다. '왜 내게 이런 시련이 오나?' 하고 잠을 이루지 못할 정도로 고민이 됐지만 받아들이고 최선을 다하는 것밖에 방법이 없었다. 돌이켜 보니 그때 내가 참 많이 성장했다. 꽃길보다 험지에서 더 많이 배웠다.

젊은 시절 '좋은 경험'이란 무엇인가? 성과가 많이 나고 남들로부터 축하받는 것만이 좋은 경험은 아니다. 나이가 들면 들수록 힘들었던 순간이 더 소중하게 느껴진다. '그때는 어려웠지만 확실히 배웠고 많이 성장했다.'고 회고할 수 있기 때문이다.

"요즘 세상에 힘들지 않은 이가 어디 있겠는가?" 하고 반문하는 이도 있을 것이다. 그렇다면 나는 "그 귀한 시간에 당신은 무엇을 남기고 있는가?"라고 묻고 싶다. 어려운 시간을 제대로 보낸 이들은 대부분 그릇이 커지고 소신을 지키며 살아가는 법을 안다. 이러한 배움과 깨달음은 인생의 나머지를 살아갈 때 커다란 자산이 된다. 힘든 순간이 없다고 하는 것은 자기 안에 남은 진짜가 없는 것이다. 이 정도 진짜를 남길 고난이라면 피하지 않고 맞닥뜨려 힘껏 헤쳐 나와도 억울하지는 않을 것이다.

노력했다면 성과가 따라올 시간을 주라

혈기가 넘칠 때는 인생의 희로애락을 통 크게 받아들이는 것이 참어려웠다. 그래서 기쁨에, 노여움에, 슬픔에, 즐거움에 치우치곤 했다. 이런 세월을 뒤로하고 머리에 서리가 앉고 보니 열심히 사는 주니어들의 모습이 대견하기도 하고 안쓰럽기도 하다.

재독 철학자인 한병철 교수는 현대사회를 '피로사회'로 규정한 바 있다. '무엇이든 될 수 있다.'는 자기 긍정은 훌륭하지만 자칫 현재에 만족하지 않고 더 나은 자신을 만들려 다그치다 보면 삶이 매우 피로

해진다는 것이다. 한 교수는 "자신을 가혹하게 비난하고 몰아붙인다면 번아웃이 올 수 있다."라며 "스스로에게 너그러워지라."라고 당부했다.

인생의 성장 그래프는 대한민국 주가지수와 비슷하다. 1980년 주식시장이 열릴 때 종합주가지수는 100이었다. 44년이 지난 2024년 기준 종합주가지수는 2,700 수준이다. 그러나 주식시장의 이러한 성장은 한 번에 이루어지지 않았다. IMF 외환위기, 금융위기, 코로나19 때 대대적인 낙폭이 있던 것은 말할 것도 없고 하루에도 오르락내리락을 몇 번씩 반복했다.

호전과 악화가 반복되는 것은 우리 몸이 질병을 극복할 때도 겪는 일이다. 큰 질병을 앓는 대다수 환자는 수술만 하면 뚝딱하고 병이 나을 거라는 환상이 있다. 그러나 일직선으로 낫는 병은 없다. 하루는 괜찮다가 하루는 나빠지고 그다음 날은 다시 좋아지는 호전과 악화를 반복하는 사이 질병은 점차로 좋아진다. 인생도 그러하다.

주니어 시절은 희로애락을 가져오는 사건들이 자주 일어난다. 그러나 스스로를 극단으로 몰아붙일 필요까지는 없다. 긴 호흡으로 바라보는 것이 중요하다. 성과는 천천히 따라온다. 노력을 했다면 성과가 따라올 수 있도록 시간을 좀 주어도 괜찮다.

경험이 역량을 키우는 훈련이자 리더십 교육이다

누구나 '완벽주의자'가 좋은 줄은 안다. 매사에 꼼꼼하고 빈틈이 없다면 얼마나 좋겠는가. 그러나 경험해 보면 완벽주의자도 타고나야 하는 부분이 있다. 예술가와 창조자가 타고나듯 솜씨 좋고 맵시 좋은 사람도 타고난다. 이를 모르고 높은 기준의 성실함과 목표 추구에 매달리다 보면 과도한 스트레스를 받거나 주변 사람들과 불화하는 반갑지 않은 상황에 직면하고 만다.

'경험주의자의 길'은 타고난 완벽주의자가 아닌, 마음의 안정과 주변의 화합을 중요하게 여기는 이들에게는 훌륭한 대안이라 할 수 있다. 경험을 통해 자신이 성장할 것을 믿고 새로운 도전을 마다하지 않는다면 몇 번의 시행착오 끝에 자신이 원하는 곳으로 나아갈 수 있다.

젊은 시절 나는 철이 없었다. 리더십을 배울 수 있었던 ROTC도 아버지의 권유로 갔고 삼성그룹에 들어간 것도 친구 따라 같이 입사 시험을 보았기 때문이다. 남들은 인생의 대전환기라고 하는 몇몇 시기도 깊이 생각하지 못하고 넘어갔다. 어느 정도 나이가 되기까지 '인생의 진지함'이 무엇인지 몰랐다. 비로소 진지하게 일과 조직에 대해 생각하게 된 것은 주니어 시절을 한참 지난 뒤였다. 경영진단팀과 하드디스크 드라이브HDD사업을 맡았던 시절에 힘든 만큼 딱 그만큼 성장한 나를 발견했다.

먼저 경영진단팀에서는 능력의 한계를 많이 느꼈다. 시야가 보잘 것없다는 것을 통감했다. 유능한 선배들을 보면서 나와는 굉장히 다른 부류의 사람들이라고 생각했다. 열심히 일하는 모습을 가까이서 지켜보며 함께 행동했고 많이 배웠다. 큰 안목으로 전략을 바라보는 것의 중요성을 깨우쳤다. 이러한 경험을 통해 차츰 나에게 필요한 역량이 갖춰졌다. 경험은 그냥 연차만 쌓이는 게 아니었다. 축적의 힘이 생겨 마치 승의 제곱처럼 역량을 키울 수 있었다.

사양 산업으로 치부되던 하드디스크 사업을 맡았을 때는 굉장한 도전 정신이 생겼다. 업황이 좋은 다른 사업을 맡았을 때와는 사뭇 달랐다. 사느냐 죽느냐 하는 절박한 상황에서 어떻게 몸을 던져서 일하고 진행해야 하는지 고민을 많이 했다. 어려움을 극복하니 '하니까 되는구나.'라는 자기 확신이 생겼다. 이 또한 뼈저린 경험이 낳은 성과였다. 소신 있게 일하는 것이 보람되다는 것도 깨달았다. 이후 어렵고 힘든 사업을 두려워하지 않게 되었다.

이처럼 넘어지고 깨지고 다시 일어서는 경험을 통해 주니어 시절 꿈조차 꿔보지 못한 최고경영자 자리에 오르게 됐다. 그간의 모든 경험이 역량을 키우는 훈련이었으며 리더의 자질을 갖추는 교육이었다는 것을 부인할 수 없다.

역경의 총합이 역량이 된다

40년 가까운 조직 생활의 깨달음을 축약하면 "역경의 총합이 역량이 된다."라는 것이다. 인생에는 무수한 변화의 시기가 있다. 변화에 적응하는 것은 참 어렵고 고단하다. 그러다 적응의 시기를 거치고 나면 다소 편안해진다. 그런데 편안함은 오래 가지 않는다. 어김없이 다른 변화가 찾아온다. 그걸 반복하는 것이 인생이다. 다행히 헛

된 것은 하나도 없다. 지금껏 만나온 많은 사람의 화려한 경력 뒤에는 수많은 역경이 있었다. 무수한 변화 – 고통 – 극복의 반복은 자신을 더 높은 곳으로 올려놓는 자산이 된다.

중요한 것은 고통의 과정을 회피하지 않고 버텨 내는 것이다. 나는 그 시기를 "지금은 변화를 받아들이기 힘들지만 이를 극복하고 나면 결국 언젠가는 인생에 좋은 걸로 돌아올 거야. 지금의 고통이 더 좋은 사람이 되는 힘이 될 거야."라는 믿음으로 넘겼다. 내게도 주니어들에게도 앞으로도 변화와 고통의 시간이 무수히 찾아올 것이다. 주니어들도 그 과정을 역경이 역량이 되는 시간이라 믿고 극복해 나가길 바란다. 내가 좋아하는 『성경』 말씀 중에 "모든 것이 합력合力하여 선善을 이룬다(「로마서」 8장 28절)."라는 구절이 있다. 삶에 대한 긍정이 인생을 바꿀 힘이 될 것을 믿고 함께 전진해보자!

6장

불안은 일과 자신에 대한
성찰에 도움이 된다

1

일을 해도 불안하다면
지금에 충실하라

취업은 또 다른 불안의 시작이다

대학을 졸업하고 군대에 갈 준비를 하고 있었다. 당시도 취업이 매우 어려운 시기였다. 군대에 가기 전에 여기저기 입사원서를 내는 경우가 많았다. 그러던 중 친구가 삼성그룹에 입사원서를 낸다고 해서 따라갔다. 영어와 전공 시험을 봤는데 운 좋게 붙었다.

어떤 사람이 되고 어떤 인생을 살지 같은 고민은 취업하기 바로 전에서야 했다. 고등학생 때나 비교적 시간이 많은 대학생 때라면 좋았을 것이다. 그러나 발등에 떨어진 입시를 해결하고 취업이라는 관문을 통과하는 데만 급급해 깊은 고민을 하지 못했다. 입사는 했지만 갈 길을 스스로 정한 것이 아니다 보니 마음이 잡히지 않았다. 군대 생활을 마쳐갈 즈음에는 경기가 좋아져 구인난이 일었다. 공채 인원도 확대됐다. 군대 동기들이 휴가를 얻어 면접을 보러 가는 것이 부러웠다. 나도 휴가도 갈 겸 다른 회사 면접을 보러 다녔다. 세 군데 대기업에 연이어 면접을 봤고 모두 합격 통지를 받았다.

처음에야 기뻤지만 제대 날짜가 다가오자 고민이 시작됐다. 어디로 갈지 결정해야 했다. 이왕이면 월급을 많이 주는 곳이 좋을 것 같았다. 알아보니 대기업 한 곳은 장교 출신은 호봉 1년을 인정해 준다고 했다. 삼성은 경력 2년을 인정해 준다고 했다. 어리바리했던 나는 그 차이를 제대로 알지 못했다. 경력 2년 인정은 퇴직금 정산 시 2년을 더 인정해 준다. 즉 2개월 치 월급을 퇴직금으로 준다는 것이다. 호봉 1년은 급여 자체를 높게 책정하는 것이었다. 호봉 1년이 훨씬 더 좋은 것이었지만 당시 나는 그 차이를 제대로 이해하지 못했다.

나의 선택에 결정적인 영향을 준 것은 '사보'였다. 삼성그룹은 군대에 간 사원들에게 매달 우편으로 사보를 보내주었다. 동기들이 취직 걱정을 할 때 사보를 받은 나는 한껏 여유를 부렸다. 자부심이 넘치고 어깨에도 힘이 들어갔다. 사보를 보내준 그간의 의리를 이유로 삼성에 입사하기로 했다.

주니어들에게 나의 취업 스토리를 소개하면 첫 마디가 "부럽다."이다. 그렇게 어영부영 취업하고도 한 직장에서 40년 가까운 세월을 보냈으니 타고난 행운아란다. 덧붙여 나는 모를 거라며 어려움도 털어놓는다. 직장 생활을 하고는 있지만 언제까지 다닐지, 이직을 하는 게 나을지, 창업은 어떨지 고민을 놓지 못하겠고 항상 불안한 마음이라는 것이다. 때때로 정답은 기대하지 않지만 조언이 있다면 해보라는 무언의 압력을 느끼기도 한다.

"취업은 누구에게나 또 다른 불안의 시작이죠."

내 대답은 질문자가 예상한 조언은 아닐 것이다. 그러나 사실이다. 대부분 취업만 하면 인생의 큰 고비는 끝났다고 생각하지만 어디 그러한가. 기쁘고 정신없는 시간은 잠깐이다. 곧 이러저러한 고민이 시작된다. 흔히 좋은 직장이라고 정평이 난 회사에 다니는 이들도 마찬가지다. 일뿐만 아니라 인생에 대한 고민도 찾아온다. 창업 열풍을 타고 동료가 퇴사라도 하면 '나는 어떻게 해야 하지?' 하는 고민과 불안이 꼬리에 꼬리를 물고 일어난다. 나도 그러했다.

큰 산에 오르는 게 더 의미 있는 일이다

정말 내가 운이 좋았던 것은 남들보다 일찍 고민에 대한 답을 찾은 것이다.

군대 생활을 마치고 복직했는데 입대 전 입사해 복직한 80여 명과 제대 후 입사한 200여 명이 모여 4주 동안 교육을 받았다. 교육이 끝나고 회사 배치 시기가 되어 지원했다. 당시에는 삼성물산, 대우상사처럼 상사맨 전성시대였다. 너도나도 상사에 가겠다고 지원했고 나도 손을 들었다. 그러나 반도체 통신으로 배치받았다. 10여 명의 동기와 함께 부천 반도체로 첫 출근을 했다.

그리고 2개월 뒤 메모리 신규 사업이 본격적으로 발족했다. 그룹

내에서 인력 확충이 진행됐다. 여전히 반도체에 대해서는 잘 몰랐지만 씩씩한 군인정신으로 신규 사업에 지원했다. 출근지가 기흥으로 바뀌고 품질보증 부서로 배치됐다. 당시는 라인 건설 기간이라 가건물에서 먹고 자며 건설 일을 도왔다. 그야말로 막노동에 가까웠다. 라인이 완성되고 시스템이 안정되고서야 품질보증 부서로 배속돼 제품 인증 담당 업무를 시작했다. 힘든 시기였지만 드문 기회로 해외출장도 다녀오고 미국으로 제품 연수도 다녀왔다. 몸도 마음도 바쁜 몇 년을 보냈다.

그런데 어느 날 '다른 일을 해보면 어떨까?' 하는 호기심과 설렘이 찾아왔다. 멋쟁이 고객사 담당을 만난 후였다. 그들은 반도체 공정과 검사 설비를 파는 상사맨들이었다. 중소기업이었으나 말쑥하게 양복을 입고 서류 가방을 들고 미팅에 들어왔다. 현장에서 품질 검증을 하느라 매일 작업복을 걸치고 다니는 나와는 대조적이었다. 갑자기 상사맨이 되고자 했던 연수원 시절이 떠올랐고 벌써 이직한 동료들도 생각났다.

고민 끝에 아내에게 이직에 대해 운을 띄웠다. 아내의 답이 어떠했겠는가? 두 번의 고민도 없이 '불가' 판정을 받았다. 아내의 논리는 간단명료했다. 당시 우리 집은 노부모를 모시고 있었고 초등학교도 안 간 아이들이 둘이나 있었다. 외벌이 가장의 이직은 가계에 너무 큰 리스크였다.

그렇게 단칼에 거절당하고도 쉽게 포기가 되지 않았다. 이 궁리 저 궁리를 하며 이직 생각을 접는 나만의 논리를 만들었다.

'삼성이라는 기업은 큰 산이다. 중소기업은 작은 산이다. 작은 산은 비교적 빠르게 오를 수 있다. 그러나 높이 오를 수는 없다. 큰 산은 오르는 데 오래 걸리고 힘도 더 들겠지만 크고 높다. 인생이라는 긴 과정을 놓고 볼 때 당장은 힘들지만 큰 산에 도전하는 것이 더 의미 있는 일이다.'

그렇게 이직에 대한 마음을 접었다. 그리고 성장을 위해 할 수 있는 일들을 적극적으로 알아보기로 했다. 인사팀에 찾아가 교육 기회를 문의하고 할 수 있는 다른 업무들도 알아보았다. 덕분에 신설 과정인 테크노 MBA에 지원할 수 있었고 이후 새로운 업무에도 발탁됐다.

불안할 때가 답을 찾을 절호의 기회다

커리어가 정립되기 전인 주니어 시절에는 집중도와 실행력을 높이기 위해 불안을 적극적으로 관리하는 노력을 하는 것이 좋다. 결과적으로 일에 대한 고민을 잘 해결하면 불안의 절댓값은 매우 작아진다. 성장의 발판을 만들 수도 있다.

일과 자신에 대한 성찰에 도움이 되는 '불안을 관리하는 팁' 몇 가지를 소개한다. 먼저 불안에 대해 인식하는 것이다. 우리는 왜 불안을 느끼는가? 불안은 '무의식이 보내는 사인'이다. 앞서 언급한 대로 불안은 '무지할 때' 극대화된다. 일에서도 마찬가지다. 인생에 일이 어떤 의미인지, 어떤 일을 할 때 기쁘고 행복한지 알지 못하면 일에 대한 불안도 커지게 마련이다. 그러나 불안이 올라올 때가 자신만의 답을 찾을 절호의 기회이다. 고민도 적극적으로 해봐야 한다.

다음으로 불안의 원인이 있는 내면에 집중하는 것이다. 불안을 일으키는 원인이 몸담은 '조직' 혹은 '회사'에 있다고 생각하는 주니어들이 많다. 조직과 회사의 여러 문제 때문에 이직이나 창업을 해야 한다고 말한다. 그러나 한발 들어가 보면 밖이 아니라 안에 불안의 원인이 있는 경우가 많다. 안에 있는 불안의 원인을 모르면 주변 상황을 탓하기 쉽다. 자신의 중심에 집중하면서 해결점을 찾아가야 한다.

마지막으로 '불안 총량의 법칙'을 받아들이는 것이다. 요즘 쓰는 말 중에 '총량의 법칙'이란 것이 있다. 모든 사물에는 총량이 정해져 있고 그 총량을 벗어나 존재할 수 없다는 것이다. 일에 대한 고민과 불안 역시 마찬가지다. 한두 번으로 끝나지는 않는다. 누구나 총량을 겪어내야 한다.

지난한 고민을 통해 자신의 지향점을 알아보고 어떤 부분에 열정을 쏟는 것을 좋아하는지도 파악해 보라. 원하는 일을 원하는 방식으로 하기 위해 누구나 거치는 과정이다. 언제고 지금이 가장 빠른 때다. 오늘의 불안을 적극적으로 대면해 보자.

2

적성은 찾는 게 아니라 만드는 것이다

적성에 맞지 않아도 적응하면 된다

한 조직에서 오래 일하다 보면 후배의 사직서를 받는 경우가 종종 생긴다. 과장이 된 후로 후배들이 나지막한 목소리로 "드릴 말씀이 있습니다."라며 말을 걸어오면 내심 걱정이 앞서곤 했다.

당시는 사표를 내는 쪽도 받는 쪽도 지금과는 사뭇 달랐다. 회사 규모가 크지 않고 함께 동고동락하는 시간이 길었던 만큼 정서적으로도 더 끈끈했다. 개인적으로 면담도 자주 하고 안 되면 손 편지도 써가며 사표를 반려하고자 노력을 많이 했다.

주니어들이 토로하는 퇴사 사유는 각양각색이었다. 고향에 대한 진한 향수로 부산에 있는 삼성 계열사로 전배를 요청하는 후배가 있는가 하면 뒤늦게 신학대학에 진학하겠다고 사표를 써 온 후배도 있었다. 관련 업체의 스카우트 제의를 받고 입사 날짜까지 정해졌다며 하루빨리 사표를 수리해 달라고 부탁하는 후배도 있었다.

가장 난처한 것은 "적성이 맞지 않아서"라는 사직 사유를 밝힌 경우다. 겉으로는 웃는 얼굴로 고충 사항을 들어주고 적극적으로 해결 방법을 찾아보자고 했지만 속으로는 '그런 이유라면 다들 사표를 쓰고 회사를 나갔을 것'이라는 생각에 가슴 깊은 곳에서 답답함이 밀려 올라왔다. 나 역시 적성에 대한 고민으로 밤잠을 설친 이력이 있었는데 나름의 가치관을 세우기 전이었다.

삼성에 입사하고 교육 과정 중에 적성검사를 했다. 결과지를 받던 날 나는 인사 부서로 달려갔다. 결과지의 적성란이 비어 있었기 때문이다. 동료들은 관리부니 영업부니 개발부니 여러 개 부서명이 적혀 있었다. 그런데 유독 나만 아무것도 쓰여 있지 않았다. '내가 무능한가?' 하는 좌절감이 들었다. 인사 부서에 가서 "무無적성 사원이 말이 됩니까? 이게 무슨 적성검사입니까?" 하며 따졌던 기억이 있다. 그 인사 담당자가 무슨 죄가 있었겠는가!

이후 부서가 바뀌고 업무가 바뀔 때마다 '이 일은 내 적성에 맞을까?' 하는 의구심이 들곤 했다. 마음 한편에는 순환보직을 하다 보면 언젠가는 적성에 맞는 일을 발견할 수도 있겠지 하는 기대도 있었다. 그러다 시간이 더 지나서는 '적성에 맞지 않더라도 적응하면 된다.'는 결론에 이르렀다.

각각의 능력을 통섭적으로 확대해 가라

'적성'을 기준으로 사람은 세 부류로 구분된다.

첫째, 확실하게 적성이 드러나는 사람이다. 이들은 상대적으로 고민이 없는 편이다. 아는 만큼 확실하게 진로를 찾아간다. 둘째, 시간이 지나면서 조금씩 적성이 나타나는 사람이다. 대체로 모험심이 강하고 새로운 일을 좋아한다. 발현되는 적성에 맞는 일을 스스로 찾아나선다. 셋째, 적성이 잘 드러나지 않는 사람이다. 이들이 가장 고민이 많다. 적성을 잘 모르기에 어떤 일을 해도 '이게 맞나?' 하는 의구심을 먼저 갖는다.

당신은 어떠한가? 나는 적성을 잘 모르겠다며 고민을 토로하는 많은 주니어를 만났다. 그때마다 "회사는 적성을 찾는 곳이 아니라 적응을 하는 곳"이라는 나의 결론을 전했다. "처음부터 적성을 찾아가려고 하지 말고 순리에 맡기라."라는 조언을 덧붙였다.

현실적으로 주니어 시절에는 적성에 맞는 업무를 찾아 그에 맞는 부서로 가겠다는 욕심을 실현하기가 어렵다. 회사는 개인의 의사보다 회사의 필요에 따라 업무 배치를 한다. 이를 받아들이는 것도 배움의 한 과정이다.

대부분의 업무는 열심히 하다 보면 잘하게 되고 잘하다 보면 재미가 붙는다. 재미를 느끼면 능력이 향상되고 스스로도 발전하고 있다는 것을 느낄 수 있다. 자신이 잘하는 분야를 확대하면서 커리어에 대한 방향도 잡을 수 있게 된다.

품질 담당 시절 후배 엔지니어들에게 "파이π형 인재가 돼라."라는 이야기를 자주 했다. 자기 분야 외에 또 다른 전문 분야를 만들라는 이야기였다. 구체적으로 세분화된 기술을 이해하는 것은 경험만큼 좋은 것이 없다. 순환보직제를 활용해 자신의 전공과 재능 바깥 분야에서도 전문성을 확보해 커리어를 확대하는 것을 추천했다.

요즘 회사에서는 기술자도 관리자나 경영자로 성장할 수 있고 특정 분야의 기술을 가진 엔지니어도 다른 분야의 기술을 새롭게 배워 전문 분야를 확대할 수 있다. 각각의 능력을 통섭적으로 확대해 나가는 것이 중요하다. 일부 주니어들에게 나의 조언이 꼰대의 잔소리로 비칠 수도 있을 것이다. 그러나 조직에서 주니어들이 만나야 하는 많은 사람이 꼰대다. 당신이 경영자라면 익숙한 상황에 안주하는 직원과 여러 장르를 경험하면서 멀티를 할 수 있는 직원 중 누구를 더 선호하겠는가? 꼰대의 눈높이로 자신을 평가해 보라.

적성이 아닌 일에서 가능성을 확인하라

입사할 때 눈치가 빠르고 행동이 민첩한 동기들이 있었다. 눈에 띄었다. 능력도 좋아 보였다. 그러나 그런 동기들은 대부분 조직에 오래 남지 않았다. 강산이 몇 번 바뀌는 동안 조직에 머물며 승진하고 사장이 된 동기들은 대부분 미련하리만큼 우직하고 진득했다.

퇴직하고 나서 왜 이런 일이 벌어지는지 고민해 보았다. 요즘이야 각종 매체를 통해 정보를 얻을 수 있지만 당시 신입사원들은 구체적으로 어떤 부서에서 어떤 일을 하는지 모르는 경우가 많았다. 주로 입소문을 통해 정보를 듣다 보니 지원 부서를 써낼 때도 쏠림 현상이 심했다. 총명한 데다 출세욕이 많은 신입사원들이 원하는 부서로 배치가 됐다. 그러나 잘난 구석이 많다 보니 유혹에 쉽게 흔들렸다. 적성에 맞는 일을 찾아 조직을 떠나는 일도 잦았다.

반면 남들이 원하지 않던 부서에 간 신입사원들은 능력이나 전문성 면에서 뛰어나지 못했다. 그러나 우직하고 진득한 덕분에 부서에서 충실하게 업무를 익혀 나갔다. 적응하려 노력하며 실력을 쌓아 나갔다. 묵묵히 성과를 내면서 전문성을 인정받게 되면서 승진과 함께 주요 보직으로 발탁되는 경우도 많았다.

이런 이유로 나는 주니어들에게 적성에 맞는 일을 찾겠다는 이유로 쉽게 조직을 떠나지는 말라는 당부를 자주 한다. 솔직히 말하면 주니어 시절은 적성과 비적성을 가릴 때가 아니다. 성장에 목마른 딱 그만큼 적성에 맞지 않는 다양한 일들도 잘해 내려는 노력이 필요하다.

회사의 모든 일에는 가치가 있다. 본인의 적성에 맞지 않는다는 일, 허드렛일이라고 부르는 그 일도 쓸모가 있고 효용이 있다. 그걸 이해하고 잘못된 고정관념을 고칠 필요가 있다. 복사 심부름을 하면서 업무 파악을 할 수도 있고 선배들이 개발새발로 쓴 보고서를 정서하면서 문서 기안 법을 배울 수도 있다. 모든 일이 배움의 과정이라고 생각하면 상상하지 못했던 긍정적인 결과들이 찾아온다.

게다가 주니어 시절이 아니면 적성에 맞지 않는 다양한 일들을 언제 해보겠는가? 허드렛일을 해보지 않은 간부와 경영자를 상상해 보

라. 밑바닥에서부터 시작하는 애로나 어려움을 겪어보지 않고 직원들의 말에 공감하며 격려하고 위로하는 일이 가능하겠는가? 나 역시 CEO로 있을 때 힘들고 어려웠던 주니어 시절의 일화들을 조직원들에게 이야기한 적이 있다. 내 정체성을 드러내고 동질감을 형성하는 데 많은 도움이 됐다.

마지막으로 적성에 맞지 않는 그 일이 '가능성을 확인하는 일'이라는 것도 알아두어야 한다. 우리는 좋아하는 것은 더 많이 하고 싶고 싫어하는 것은 하기 싫다. 공부도 마찬가지다. 좋아하는 과목은 더 깊이 배우고 싶지만 싫어하는 과목은 기초 공부조차 꺼린다. 이런 성향을 극복하기 위해 교육부에서는 '필수 교과목'이란 것을 지정하고 지식의 편협함이 생기는 것을 방지한다. 일도 마찬가지다. 좋아하는 일만 하다 보면 '모르는 일'이 너무 많이 생긴다. 모르는 분야에서 발휘될 재능도 발견할 수 없다. 적성이 아니라고 생각한 그 일에서 잠재된 재능이 발휘될 줄 어찌 알겠는가?

3

파이어 말고 질적 균형에
집중하라

파이어 후에도 자아실현의 욕구는 존재한다

파이어족이란 말을 들은 것은 비교적 최근이다. 파이어FIRE란 경제적으로 빨리 자립해서 일찍 은퇴한다Financial Independence, Retire Early는 말의 약자다. 파이어족은 자산을 일찍 형성해 조기 은퇴 후 인생을 즐기려 한다.

나도 파이어족으로 살아본 적이 있다. 불과 몇 년 전이다. 퇴직 후 그간 못 해본 것들을 해보겠다고 열심히 계획을 짰다. 아내와 함께 국내외 가릴 것 없이 여행을 다녔다. 오랜 습관 때문에 여행을 다녀와서는 꼭 기록으로 남겼다. 여행을 마칠 때마다 사진이 담긴 앨범을 책 한 권으로 만들었다. 1년이 지나니 책장 한쪽에 앨범이 쭉 키를 맞춰 세워졌다.

　남들이 부러워하는 '호사스러운' 생활이었다. 아이들은 이미 출가 했고 두 내외가 조금씩 절약해서 살다 보니 경제적으로 큰 어려움도 없었다. 처음에는 아내와 나도 마냥 즐겁기만 했다. 그러나 곧이어 '헛헛한 마음'이 밀려왔다. 불과 몇 달 만에 일 없는 삶이 나와 아내에 게 만족을 주지 못한다는 것을 깨닫게 됐다. 제2의 커리어로 무슨 일 을 할 수 있을까 진지하게 고민했다. 언젠가 한번 해보고 싶었던 '커 리어 코칭'과 '멘토링'이 떠올랐다. 사업부장 시절 나를 코칭해 준 코 칭경영원 고현숙 대표에게 연락해 전문 코치 양성 과정을 안내받고 바로 등록했다.

　왜 일을 하지 않는 것이 그토록 헛헛했을까? 생각해 보면 목표 지 향적이고 성취 지향적인 나의 성향이 가장 큰 이유인 것 같다. 그러 나 그것이 전부라고는 할 수 없다. 비슷한 시기에 은퇴한 친구들에게 물어보니 다들 늦은 나이까지도 일하는 전문직 친구들을 부러워했 다. 할 수만 있다면 죽을 때까지 자신의 일을 하고 싶다는 친구들이 많았다.

　퇴직 후 허무한 감정이 드는 원인은 '남는 시간'과 '욕구 불만족'이 다. 대부분은 늘어난 시간을 어떻게 보낼지 고민해 보지 못한 채 은 퇴 후 긴 시간과 마주하게 된다. 부랴부랴 취미나 여가에 시간을 써 보지만 기대한 만큼 즐겁지 않다. 일할 때와 같은 열정이 살아나지 않고 성취감도 높지 않기 때문이다.

　우리가 겪는 혹은 겪게 될 이런 문제들은 유명 심리학자에 의해 이미 해결책을 찾은 것들이다. 에이브러햄 매슬로는 인간의 욕구 중 가장 상위 레벨이 '자아실현의 욕구'라고 했다. 생리적 욕구, 안전의 욕구, 애정과 소속의 욕구, 존중의 욕구 위 단계가 바로 자아실현의 욕구다. '일'은 상위 3단계의 욕구인 애정과 소속, 존중, 자아실현을 모두 충족시키는 가장 확실한 방법이다. 오랫동안 일하고 싶다고 말하는 이들이 많은 이유다.

물론 현재의 거대한 수레바퀴를 돌리는 일에 매달리다 보면 파이어족은 단순한 꿈일 뿐이고 은퇴 후 삶을 고민하는 것이 사치로 느껴질 수도 있다. '일을 그만둘 수만 있다면 일에 대한 고민 따위는 다 사라질 것'이라고 생각할 수도 있다. 그러나 먼저 살아본 인생 선배로서 현실은 그렇지 않다는 것을 꼭 알려주고 싶다. 사회초년생 시절부터 자신의 욕구가 무엇이고 그게 일과 어떤 관련이 있는지 알아야 한다. 상상하는 것 이상의 의미가 있다는 것을 깨닫게 될 것이다.

질적 균형에 집중하라

파이어족이 되고 싶은 이유를 들어보면 "삶과 일의 밸런스를 맞추기 쉽지 않기 때문"이라는 대답이 많다. 균형 잡힌 인생을 살고 싶은데 현실에서의 일은 너무 많은 집중을 요한다는 것이다. 다른 부분은 소홀해질 수밖에 없는 현실이 너무 팍팍하게 느껴진다.

일찌감치 나는 '성취하고 성공하는 삶에 밸런스가 있을 수 있을까?'라는 회의를 하고 있다고 밝혔다. 올림픽 금메달을 향해 달리는 선수들에게 삶의 밸런스가 있겠는가? 화성에 인류를 정착시키기 위해 우주선을 쏘아 올리는 사람에게 삶의 밸런스가 있겠는가? 원대한 비전과 목표를 향해 달리는 이들에게는 더 많은 집중력이 필요할 뿐이다.

'그러면 현실의 삶은 어떻게 하나요?'

의문을 품는 것이 당연하다. 나는 양적 밸런스보다 질적 밸런스를 맞추도록 노력하라고 강조한다. 일과 가정을 성공적으로 이끄는 최선의 방법이다. 나는 회사와 가정의 밸런스를 맞추지 못한 대표적인 사람이다. 아내는 이해와 배려만이 아니라 희생까지도 감수해야 했다. 지금의 자리를 만든 것도 아내 덕분이다. 젊은 시절부터 지금까지 미안하고 고마운 마음을 갖고 있다. 그 마음으로 함께 있는 시간만큼은 온전히 가정에 집중하고 질적 밸런스를 맞추고자 노력했다.

일과 가정의 밸런스가 깨져 문제를 일으키는 남편들의 패턴은 대충 이러하다. 일과 회식 때문에 늦게 귀가해서는 빨리 밥을 차려 달라고 짜증을 낸다. 옷은 아무 데나 벗어두고 힘들고 피곤하니 아무 말도 시키지 말라며 TV를 보거나 게임을 한다. 스트레스는 술이나 담배로 풀려고 한다. 가족들과 대화가 없다. 식구들은 그런 남편과 아버지를 좋아할 리 없다. 남편과 아버지를 하숙생 정도로 취급하고 정서적으로도 담을 쌓고 지낸다.

나 역시 월화수목금금금의 일주일을 보내며 살았다. 쉬는 날은 몇 달에 한 번 있을까 말까 할 정도의 빡빡한 스케줄을 소화했다. 양적 밸런스는 진즉에 포기할 수밖에 없었다. 그러나 정서적 밸런스는 지키려 부단히 노력했다. 직장에서 일에 집중하는 마음 못지않게 집에서는 아이들과 가정에 집중하고자 애를 썼다. 먼저 아이들을 만나면 학교생활에 어려움은 없는지 물어보았다. 주일에는 함께 교회에 가서 설교 말씀을 들었다. 특히 아이들의 진로에 대해서는 수시로 대화하며 방향을 잡아주려 했다. 일본법인장으로 파견을 나가 함께 살지 못할 때는 전화와 메일로 소통했다. 좋은 말씀이나 책에서 배운 내용 등도 요약해 전달하며 아이들이 바르게 성장하도록 지원하려 노력했다. 덕분에 아이들은 자신의 일을 잘 찾아갔고 아내도 은퇴 후 집으로 돌아온 나를 반갑게 맞아주었다.

시간은 한정적이다. 양적 밸런스를 맞출 수 없으므로 질적 밸런스에 집중해야 한다. 짧은 시간도 밀도 있게 성실하게 교감하고 교류하는 것이 핵심이다. 가족들도 불안하고 아쉬운 마음이야 있겠지만 남편이자 아버지가 노력하고 있다는 것을 알 때는 결코 탓하지 않는다. 그러지 않을 때 가족들이 느끼는 소외감과 배신감은 상상을 초월한다.

성장하지 않는 인간은 불행하다

우리는 단순히 '돈' 때문에 일하지는 않는다. 일을 통해 사람들을 만나고 교류하고 함께 어우러지는 팀워크를 배우고 생산자로서 결과를 만들어내며 성취감을 맛본다. 이 모든 것이 '성장'이다. 성장하지 않는 인간은 불행하다.

일의 방식은 삶의 방식과도 연결된다. 우리는 일에서 배운 것을 삶에도 그대로 적용한다. 일을 계획적으로 진행하는 사람은 일상 생활도 계획대로 움직이길 좋아한다. 진취적으로 나서기를 좋아하는 사람은 가정에서도 의견 내는 것을 좋아하고 각종 모임에서도 감투를 사양하지 않는다.

결론적으로 일은 삶의 행복과 불행에 지대한 영향을 미친다. 일의 비전과 방식을 제대로 정립하면 삶의 설계도 탄탄해진다. 비전이 없고 방식을 모르면 삶도 어설퍼지기 십상이다.

나는 천성이 잔머리를 굴리지 못하고 아둔하다. 선택한 것이 잘못됐다고 해도 버리거나 단기간에 제로베이스에서 답을 찾을 생각을 못 한다. 지금의 상황에서 문제를 역전하기 위해 할 수 있는 일을 찾아본다. 어찌 보면 현실적이나 대역전을 바라기는 어렵다.

이런 나도 유혹에 휩싸인 적이 있다. 은퇴한 선배 CEO들을 만난 후였다. 그들은 여러 형태의 삶을 살고 있었다. 경제적으로 충분히 여유가 있는 상태에서 여행이나 골프로 여생을 즐기는 분이 있는가 하면 조그만 사업을 시작해 일을 놓지 않겠다는 분도 있었다. 어떤 분은 사진과 같은 취미로 많은 시간을 보냈다.

그때 내 눈에 들어온 한 선배가 있었다. 그는 골프를 치면서 중소기업 사장들을 만나며 즐거운 시간을 보내고 있었다. 여유가 넘치고 만족스러워 보였다. 이야기를 들어보니 2년 동안 골프를 치며 한가한 시간을 보내다 문득 정신을 차려 '나머지 삶을 어떻게 살까?' 하고 고민했단다. 2주 정도 고민을 한 후 사회에 봉사하겠다는 결론을 내리고 투자회사를 만들어 스타트업이나 레벨업을 준비하는 기업을 돕는 일을 시작했다. 오전에는 일하고 오후에는 골프를 치며 사람들과 교류하며 사업을 하는 세컨드라이프를 즐기고 있었다. 나는 '선배와 같은 삶을 살아보면 어떨까?' 하는 생각을 했고 잠시 흥미를 느끼기도 했다. 나 역시 사회에 봉사하겠다는 목표가 있었으므로 선배와 같은 삶도 행복해 보였다.

어느 날은 진지하게 계획을 정리해 보자며 책상에 앉았다. 내가 이제까지 어떤 일을 해보았고 어떤 일을 잘할 수 있고 어떤 일을 해야 할지 등을 생각해 보았다. 직접 사업을 하며 전문성을 발휘하기보다는 사람을 통해 보람을 느낄 수 있는 일이 더 중요하게 다가왔다. 코칭과 멘토로 후배 경영자들이 성과를 내도록 돕는 세컨드라이프가 제격이라고 생각했다. 그 순간 누군가의 길을 따라갈 생각을 버리고 나만의 길을 가보자고 결심했다.

모두가 행복한 삶을 바란다. 그러기 위해 사회적 성공을 희망한다. 그러나 길은 제각각이다. 어떤 길이 자신에게 맞는지 탐구하는 시간을 갖는 게 먼저다. 유혹에 흔들릴 때는 책상에 앉아 정리하고 계획을 세워보라. 방향이 정해지면 화려한 삶에 대한 부러움, 동경, 미련을 과감하게 내려놓고 자신의 길을 갈 수 있다.

7장

멈출 때와 가야 할 때를
가릴 줄 알아야 한다

1

멈출 때를 아는 것도 능력이다

비용의 함정에 빠지지 마라

초록불에는 달리고 빨간불에는 선다. '천천히' 표지판에는 속도를 줄이고 '멈춤' 표지판에는 선다. 문제는 '노란불'이다. 액셀을 밟아야 할지 브레이크를 밟아야 할지 고민이 된다.

회사에서 힘에 부치는 업무를 해야 할 때가 있다. 다른 회사로 이직을 고민하게 될 때도 있다. 지금 일에 힘을 더 주어 어려움을 극복해야 할지, 다른 일을 위해 멈추어야 할지 고민이 된다. 나는 아둔함과 미련함 때문인지 어려움을 극복하고 상황을 역전시킬 고민만 했다. 브레이크보다 액셀이 더 낫다고 생각하고 살았다.

조직에서는 브레이크를 선택하는 경우도 종종 본다. 신규 사업을 검토하는 과정에서 중간에 사업성을 다시 따져 기대치에 미치지 못하겠다는 판단이 들어 백지화하는 경우가 있는가 하면 직장 생활에서 오는 불만족으로 직장뿐 아니라 직업 자체를 바꿔버리는 동기도 있었다. 나로서는 그러한 선택이 어떻게 가능한지 부럽기도 하고 의문도 들었다. 솔직히 수십 년 조직 생활을 경험했어도 멈출 때와 가야 할 때를 알기에는 부족하다는 생각도 들었다.

현실적으로 멈출 때와 가야 할 때를 고민할 때 가장 먼저 우리 발목을 잡는 것은 '그동안의 노고'다. 많은 사람이 기존에 들어간 비용이나 에너지가 손실로 처리되는 것을 막기 위해 직진을 선택한다. 미국의 심리학자 리처드 탈러는 실패했거나 실패할 것으로 예상되는 일에 들어간 시간, 노력, 돈을 매몰 비용이라 정의했다. 그리고 이러한 매몰 비용이 아까워 멈추지 못하는 것을 '매몰 비용의 오류'라고 설명했다. 실제 일상에서도 매몰 비용의 오류 사례를 쉽게 찾아볼 수 있다. 미리 납부한 연회비가 아까워 회원제 서비스에서 쉽게 탈퇴하지 못하거나 마이너스가 오래돼 회생이 불가능한 주식계좌를 정리하지 못하고 장기투자를 선택하는 사례 등이다.

리처드 탈러의 분석에 의하면 매몰 비용의 오류에 빠지는 이유는 크게 세 가지다. 첫째는 충분한 변수에 대한 검토 미비로 신속한 결정을 위해 중요 변수만 분석하는 경우가 흔해서다. 둘째는 손실 회피 성향이다. 인간은 수익에 의한 행복보다 손실에 의한 고통을 더 크게 느낀다. 손실을 회피하기 위해 실패를 예상하고도 멈추지 못한다. 셋째는 결정이 잘못된 것을 인정하지 못해 멈추지 못해서다. 선택을 번

복했을 때 자존심에 상처받고 악평을 듣게 되는 것이 두려워 기존의 결정을 고수한다.

우리의 선택을 망설이게 하는 또 다른 것으로 '선택 비용'도 있다. 모든 선택에는 비용이 들어간다. 특히 '다시는 실패하지 않겠다.'는 날 선 각오가 있을 때는 돈, 시간, 에너지를 더 들인다. 자료조사도 하고 교육도 받고 실행계획도 설계한다. 비용 지불이 아까워 혹은 부담스러워 "그냥 하던 대로 하지 뭐."라며 현상을 유지하는 경우도 있다.

매몰 비용의 오류와 선택 비용이 주는 교훈은 실패가 예상될 때는 아깝다는 생각을 버리고 과감하게 멈추어야 한다는 것이다. 그러나 이와 반대로 "멈추지 마라. 가야 할 때는 좌고우면하지 말고 열심히 가라."라는 교훈을 담은 이야기도 많다.

대기만성大器晩成은 한 세대 전까지 자주 들리던 사자성어다. 큰 그릇은 늦게 찬다. 따라서 당장은 힘들더라도 포기하지 않고 노력하다 보면 성공은 따라오게 마련이다. 찰스 다윈은 50세에 『종의 기원』을 발표했고 커널 샌더스는 62세 때 KFC의 전신인 켄터키프라이드치킨의 첫 매장을 열었다. 자신의 길을 멈추지 않았기에 늦은 나이에 큰 성공을 거둘 수 있었다.

그러나 요즘 시대의 가르침은 대기만성과는 거리가 멀다. 일찍 성공하라는 메시지가 곳곳에 등장한다. 특히 SNS에는 초년에 성공해 내로라하는 직업을 얻거나 명성을 얻어 유명인이 된 사람들의 이야기가 허다하다. 한 우물을 오래 파는 이의 가치는 폄하되고 평범한 주니어들은 성공에 대한 '조급증'을 내려놓지 못한다.

딜레마존에서 과감하게 움직여라

이런저런 고민에 싸여 있을 때 우리가 선 자리는 '딜레마 존Dilemma Zone'이다. 실제 도로교통에서 딜레마 존은 차량 정지선으로부터 약 2~3미터 떨어진 구간이다. 정지선이 가까울수록 슈퍼딜레마 존이라고 표현한다. 정지선에 설지 말지를 결정해야 하는 구간이다. 이 구간을 '딜레마 존'이라 부르는 이유는 운전자가 어떤 결정을 해도 '안전'하지 않기 때문이다. 멈출지 갈지를 결정하지 못하는 사회 속 우리와 비슷하다.

딜레마 존에서 액셀을 밟으면 노란불이 켜진 3초 동안 교차로를 벗어나지 못할 수 있다. 반대로 브레이크를 밟는다 해도 정지선에 맞춰 차를 세울 수 없을 가능성이 크다. 액셀을 밟으면 빨간불에 교차를 지나 신호위반에 걸리게 되고 브레이크를 밟으면 급정지로 추돌 위험이 있다. 어떤 경우에도 순간적으로 발생하는 교통사고 위험과 법규 위반에 대한 염려는 사라지지 않는다.

조직 생활에서 어떤 결정을 할지 100%의 확신을 갖지 못하는 우리의 처지도 이와 다르지 않다. 멈출 때는 기존의 노고를 잃게 되고 갈 때는 실패에 대한 두려움을 떨칠 수 없다. 일찌감치 최선의 길을 찾기는 어렵다는 것을 알았을 것이다. 차선이라도 알고 실현할 방법을 찾아야 한다.

원칙은 이러하다. '도로교통법 시행규칙 별표 2'에 따르면 운전자는 "정지선 진입 전이라면 정지! 정지선을 지난 후라면 신속하게 통과하라."라는 지침을 따라야 한다. 법규를 준수하면 사고 위험도 낮아진다.

우리가 현실의 딜레마 존에서 따라야 할 규칙은 이러하다. 빠르게 달리는 중이라도 정지선을 인지하면 브레이크를 밟을 수 있다. 프로젝트가 됐든 직장이 됐든 사업이 됐든 관계가 됐든 간에 그간의 에너지에도 불구하고 '실패'라는 결과가 확실하다면 멈춰야 한다. 여전히 신호등은 노란불이고 정지선도 지나지 않았다. 쏟아부은 에너지가 아까워 더 큰 실패를 부를 필요가 없다.

그러나 이미 정지선을 통과한 후이고 오히려 목표가 더 가까운 상황이라면 액셀을 밟아야 한다. 딜레마 존을 되도록 빠르게 벗어나는 것이 좋다. 마음의 혼란은 내려놓는다. 한 우물을 팔 때 오로지 얻게 될 물에만 집중하듯 목표에 더욱 집중한다.

변화의 흐름을 살피고 유연한 관계를 형성하라

딜레마 존을 벗어날 때 필요한 것은 '과감성'이다. 어떤 선택이든 시간을 끄는 것은 바람직하지 못하다. 꾸물거릴수록 혼란만 가중될 뿐이다. 법규를 준수하고 사고 위험도 낮춰야 한다. 미련을 남기지 않도록 깊게 고민하되 오래 고민할 필요는 없다. 여러 변수로 내용 정리가 어렵다면 반드시 글로 써서 정리해 보길 권한다. 부족한 부분이 잘 드러나고 순서와 로직도 한눈에 알 수 있게 된다. 다양한 각도와 관점의 생각들로 보완해 가며 최종적으로 결정하면 된다.

덧붙여 삶을 더 안전하고 즐겁게 영위하려면 변화의 흐름을 살피고 관계를 유연하게 형성하는 것을 추천한다. 운전을 즐기는 노련한 운전자는 교통사고를 예방하기 위해 신호를 준수하고 안전거리도 확보한다. 교차로에 이르기 전에 다이아몬드 형태의 예고 표시를 보고 일시 감속하고 노란불에서 교차로에 진입했을 때는 경음기를 울리거나 상향등을 켜서 주의를 환기시키며 빠르게 통과해 사고를 예방한다.

삶을 즐기는 우리도 이와 같은 태도를 보여야 한다. 변화의 흐름을 살피며 앞날을 짐작해 보고 선택의 갈림길에 섰을 때는 주위에 그 상황을 알리면 자연스럽게 도움을 구할 수도 있다. 성공은 좋은 목표지만 과정도 무시할 수 없다. 인생의 즐거움을 위해서 우리도 노련한 운전자가 되어야 한다.

2
위기의 순간에 멈추고 생각하라

인생은 길게 보고 문제는 깊게 생각하라

요즘은 재테크가 인생의 주요한 기술이 됐고 '투자'를 적극적인 자기계발의 하나로 여기는 이가 많다. 하지만 내가 주니어였던 시절에는 그렇지 않았다. 재테크도 투자도 특별한 이들이 하는 특별한 활동이었다. 당연히 월급쟁이의 삶은 팍팍할 수밖에 없었다.

우리 집은 노부모를 봉양하는 집이었다. 나는 시골에서 올라온 부모님과 어린아이들이 있는 우리 집의 가장이었다. 돈을 벌어오는 유일한 사람이었다. 신혼살림을 시작하고 얼마 지나지 않아 살림살이를 놓고 설왕설래가 잦았다. 나는 아내에게 월급을 가져다주며 "아껴 쓰고 바르게 쓰라."고 잔소리를 했다. 아내는 가계부에 자꾸 구멍이 난다고 볼멘소리를 했다.

어느 날은 아내와 말다툼하다 "그럼 가계부를 한번 보자."라고 아내를 몰아붙였다. 아내가 주섬주섬 가계부를 가져왔다. 나는 가계부를 펼쳐보고 할 말을 잃었다. 들고 난 것이 훤하고 허투루 쓴 곳이 없었다. 수입은 적고 지출은 많으니 당연했다. 이후로 나는 아내에게 잔소리를 하지 못했다. 시간이 흘러 진급하고 아이들이 장성하면서 살림살이도 편해졌다.

요즘 주니어들을 만나면 나와 비슷한 사정을 들을 때가 종종 있다. '가계 살림'은 재미있는 화두다. 주니어들의 고민도 나와 다르지 않다. "결혼하고 아이들이 자라니 들어오는 돈은 적은데 쓸 곳이 많다." "대출을 받아서 집을 사는 것이 걱정이다." 등등의 생활고 이야기가 많다. 나는 아내와 가계부를 놓고 설전을 벌였던 이야기를 하고 A4용지에 '생애 주기별 수입과 지출 그래프'도 그려서 보여준다.

보통 25세를 전후로 취직해서 수입이 생긴다. 시간이 지나면서 수입이 늘지만 지출은 더 빠르게 늘어난다. 결혼하고 아이들이 생기면 대부분의 돈이 그리로 들어간다. 30대 중반부터 늦으면 50대 후반까지 돈이 가장 많이 필요하다. 아이들 교육과 부모님 봉양에 큰돈이 들어가는 때다. 수입과 지출의 역전이 크게 일어난다. 그렇게 시간이 흘러 은퇴를 앞둔 시점에 수입은 피크가 되고 지출은 줄어든다. 아이들도 크고 부모님도 돌아가신 때문이다. 당연히 지출보다 수입이 많다. 이처럼 생애 주기를 살펴봐도 수입과 지출은 밸런스가 맞지 않다. 젊었을 때는 미래 지출을 당겨서 쓰는 것이 당연하다. 사치하고 낭비하는 것이 아니라면 젊었을 때 빚내기를 무서워할 필요는 없다. 원래 인생 자체가 언밸런싱이다.

솔직히 나도 은퇴를 할 즈음에야 이런 인생의 진리를 알게 됐다. 당장 눈앞에서 문제가 생겨 고민해야 할 때는 이런 원리를 알아채지 못했다. 보통의 경우 현재에 매몰되면 '미래'를 기약하기가 어렵다. 5년 후 10년 후는 오지 않는 날로 생각된다. 인생이 길다는 것을 깨닫는 것은 이르면 이를수록 좋다.

중요한 일에 집중할 에너지를 확보하라

선택의 순간 당장 무엇을 해야 할지 결정을 내리기 어려울 때가 있다. '할 거냐, 말 거냐'가 아니라 '무엇을 할 거냐?'의 질문에 답을 찾아야 한다. 위기 상황일수록 우선순위를 정하는 지혜가 필요하다.

우선순위를 정하는 일반화된 방법은 시급성과 중요도로 구분해 4개 카테고리의 일을 순차적으로 처리하는 것이다. 흔히 '아이젠하워 매트릭스'로 알려져 있다. 『성공하는 사람들의 7가지 습관』의 저자 스티븐 코비가 아이젠하워의 일 처리 방법을 체계화하여 이름을 붙였다.

1순위는 중요하고 시급한 일, 2순위는 중요하지만 시급하지 않은 일, 3순위는 중요하지 않지만 시급한 일, 4순위는 중요하지도 않고 시급하지도 않은 일이다. 스티븐 코비는 많은 사람이 "시급하지만 중요하지 않은 일을 우선하며 많은 에너지를 쏟는다."라고 지적하며 우선순위를 점검해야 한다고 강조했다.

그러나 현실에서 일을 처리하다 보면 1순위를 먼저 처리하지 못하는 경우나 4순위를 먼저 처리하는 경우가 생긴다. 그러한 처리가 전체적인 효율성을 높이는 경우도 있다. 나는 우선순위를 정할 때 꼭 아이젠하워 매트릭스를 고집할 필요는 없다고 생각한다. 자신에게 맞는 '우선순위의 결정 요령'을 찾아야 한다.

나는 하루를 시작할 때 '오늘 처리해야 할 일'의 목록을 적는다. 보통은 개수로 치면 열댓 개가 넘는다. 개수 자체가 주는 부담감이 있다. 중요하거나 긴급하지 않은 일일지라도 잠깐 시간을 내면 처리할 수 있는 일, 위임이 가능한 일, 간단한 지시로 끝나는 일부터 빠르게 처리한다. 그렇게 가짓수를 줄여 '업무 부담'을 줄이고 주요한 두세 개 업무에 집중적으로 시간을 투여한다.

시급하고 중요한 것을 먼저 고려하라. 다만 중요하지도 시급하지도 않은 일 때문에 혼란이 가중된다면 먼저 정리하는 것도 방법이다. 시급하고 중요한 것에 집중할 에너지를 확보하는 것이 중요하다.

지금이 에너지를 충전할 기회다

급브레이크를 밟을 때를 상상해 보라. 순간적으로 몸이 앞으로 쏠렸다 제자리로 돌아온다. 충격은 마음에도 가해진다. '내가 뭘 하고 있었지?' '이제 어떻게 해야 하지?' 정신이 아득해지다가 번쩍 들기도 한다. 그렇게 찰나의 고민 뒤에 멈춤의 시간이 찾아온다.

조직 생활에서도 비슷한 때가 찾아온다. 특히 타의에 의해 멈추게 됐을 때 급브레이크를 밟았을 때와 비슷한 처지에 놓인다. 지난 시간을 반추하며 멈춰야 할 때, 멈추지 못하고 바쁘게 서둘러야 할 때 부지런하지 못한 자신을 반성한다. 이전에 신호등과 표지판을 제대로 살폈다면 멈출 때와 가야 할 때를 알았으리라는 후회도 남는다.

나는 '이왕 멈추게 된 경우라면 몸과 마음을 정리할 때'라고 생각하기를 권한다. 마치 주유소에 멈춰 선 자동차가 주유를 위해 시동을 끄듯이 재충전을 위해 몸과 마음을 멈추는 것이다. 실제로 몸과 마음을 재정비하는 것은 매우 의미 있고 바람직하다. 어쩔 수 없이 멈추게 된 상황이라면 더더욱 긍정의 에너지를 충전할 필요가 있다. 실패라는 결론은 섣불리 내릴 필요는 없다. 다시 달릴 에너지를 충전하고 나아갈 방향을 찾는 것이 중요하다.

3

고민은 하되 걱정은 말자

고민과 걱정을 구분하라

"누군가는 열흘 휴가를 받고 회사를 떠나 즐거운 명절을 보낼 수 있다고 생각했을 것입니다. 하지만 저는 악몽 같은 열흘을 보내다 왔습니다."

'불안장애'라는 질환에 관심이 높아지고 있다. 주니어와 상담 중에 긴장과 스트레스로 마음의 질병을 얻은 이야기를 들었다. 주인공은 물류센터에 다니는 3년 차 주니어였다. 추석 연휴가 국경절과 이어져 하루 휴가를 내면 열흘을 연이어 쉴 수 있었다. 다들 들떠서 명절을 기다리는데 주인공만 좌불안석이 됐다.

불안은 오류의 발견에서 시작됐다. 상사에게 큰일로 번질 수 있는 오류를 발견해 보고했는데 의견이 달랐다. 늘 일어날 수 있는 심각하지 않은 상황으로 인식했다. 그때부터 주인공은 마음에 시한폭탄을 가진 듯 불안이 몰려오기 시작했다. 시한폭탄이 터지면 물류가 멈추고 전국 배송에 문제가 생길 게 뻔했다.

'상황이 벌어지면 어떻게 할까?'

만에 하나 정말 상황이 벌어진다면 회사에 출근해서 문제를 해결해야 했다. 그러나 명절이라 자신은 고향에 가야 한다. 연락을 받는다 해도 몇 시간은 걸릴 것이다. 이 생각에 사로잡힌 주인공은 고향집에 내려가서도 손에서 핸드폰을 놓지 못했다. 잠도 편히 자지 못했다. 결국 연휴 동안 아무 일도 일어나지 않았지만 몸과 마음이 피곤한 채 회사에 복귀할 수밖에 없었다. 이후 주인공은 불안장애에 대해 심각하게 생각하게 됐고 직접적인 치료를 선택했다고 한다. 더불어 직장 생활을 계속할지 고민했고 결국 퇴사했다.

사연을 들으며 걱정과 스트레스가 몸뿐만 아니라 마음에도 병을 남긴다는 것이 안타까웠다. 나 역시 고3 때 알레르기로 고생했는데 생각해 보면 입시 스트레스에 의한 것이었다. 당시는 이렇다 할 진단을 받기 어려웠다. 20대까지 증상이 나타났다 사라지기를 반복했다. 나이가 들면서 내가 걱정과 스트레스에 취약하다는 것을 알고 그대로 방치해선 안 되겠다고 생각했다.

걱정이란 것은 한번 똬리를 틀면 잘 사라지지 않는다. 앞서 관계 갈등에서 제안한 '생각 멈춤'은 걱정과 스트레스를 경험하고 찾은 나름의 해법이다. 또한 그 시절부터 나는 "고민은 하되 걱정은 말자."

라고 다짐하고 지금까지 지켜오고 있다. 그렇다면 고민은 뭐고 걱정은 뭘까? 기준은 '상황을 컨트롤할 수 있는가?'에 있다. 상황을 컨트롤할 수 없는 경우에 대한 상상은 걱정이다. 대부분 무의미하다. 반면 상황을 컨트롤할 수 있는 경우의 상상은 고민이다. 문제의 해결점을 찾을 수 있다.

통제력을 갖고 있는 문제만이 고민의 대상이다

앞서 소개한 사연의 문제 상황을 다시 보자. 주인공이 문제 상황이 벌어지면 출근해 문제를 해결하겠다고 생각하는 것은 옳은 일이다. 그러나 주인공이 고향 집에 가서 출근이 어렵다면 더 이상의 걱정은 무의미하다. 문제를 해결할 수 있는 사람은 보고받은 상사다. 주인공이 상사에게 문제에 대해 정확히 보고했다. 그래서 상사가 숙지했다면 오류를 해결할 방법도 갖고 있을 것이다. 주인공은 상사의 능력을 믿고 불안 수준의 걱정을 내려놓아도 됐을 것이다.

경영자가 되면서 나는 이전보다 많은 걱정과 스트레스를 안고 살게 됐다. 주니어가 문제 상황을 보고했던 상사의 상사 그리고 그 위 상사의 상사가 나라고 보면 된다. 책임의 마지막 선에서 느끼는 무게는 상당하다.

부사장으로 승진하고 LED 사업을 맡게 됐을 때 일이다. 부임 후 사업 현황을 보니 문제가 많았다. 재고는 많고 가동률은 낮고 실적을 보니 전년도 경영계획 대비 3분의 1이 조금 넘는 수준이었다. 전망 대비 실적 차이가 커도 너무 컸다. 심지어는 시장은 꺾였는데 설비 투자와 발주는 진행된 상황이라 낙관적인 미래를 기대하기 어려웠다.

국면을 전환하기 위해 기존 제품의 단점을 보완한 새로운 제품을 개발하고자 했다. 모든 역량을 투입해 8개월여 만에 신제품을 개발했다. 그러나 시장의 반응은 싸늘했다. 거래선은 "단점은 보완됐지만 기존 제품의 장점도 약화돼 이도 저도 아닌 어정쩡한 제품이 됐다."라고 혹평했다. 나는 거의 패닉 상태가 됐고 불면증이 찾아왔다. 한밤에 혼자 일어나 창밖을 보며 괴로움을 달랬다. 시간은 가는데 정신은 더 또렷해졌다. 며칠을 그리 보내니 이대로는 도저히 안 되겠다 싶었다. 먼저 스스로를 일으켜 세워야 했다. '어쨌든 이 시간이 지나고 10년쯤 뒤에는 퇴직할 것이다. 그때 지금을 돌아보면 잠 못 자고 괴로워했던 이 시간이 좋았다고 하지 않겠나?' 그렇게 나를 달래고 다시 잠들기를 청했다. 그리고 본격적인 고민에 들어갔다.

당시가 10월이었다. 조직에서 10월은 한 해를 정리하기 시작하는 시기다. 인사철이 다가와 새로운 일을 시작하기에 좋은 시기는 아니다. 그러나 그 시기를 허송하지 않기로 했다. "지금부터 시작해 다음 해를 14개월로 살자."라고 마음을 먹고 경영전략, 개발 로드맵, 품질 등 전략을 재수립해 나갔다. 이를 실행하는 것은 또 다른 고난의 시간이었다. 그러나 그렇게 씨앗을 뿌린 덕에 1년 뒤에는 최고치 수율을 기록하며 혁신의 성과가 나오기 시작했다.

요즘 들어 주니어들에게 "걱정해서 걱정이 준다면 걱정이 없겠네."라는 말을 자주 해준다. 고민은 괜찮다. 문제를 해결하면 성장의 발판을 만들 수 있다. 그러나 걱정은 무익하다.

여유가 최고의 조언자다

불안과 스트레스가 미치는 가장 큰 문제는 문제를 회피하고 무기력하게 만드는 것이다. 무기력 중에도 불안은 멈추지 않고 범위를 확장해 가며 의식을 잠식해 버린다. 불안장애로 일상이 어려워진다면 회사 생활을 그만둬야 할지 계속 다녀도 될지 고민하게 된다.

이때 어떤 마음가짐이 도움이 될까? 다시 앞으로 나가 결사 항전을 할 것인가? 아니면 한발 물러서 여유를 갖고 다시 상황을 판단할 것인가? 어떤 전략이 효율적일까? 산업화 시대에는 배수의 진을 치고 결사 항전하라는 목소리가 컸다. 물리적·정신적 어려움을 극복한 성공 스토리를 강조했다. 그러나 최근에는 여유를 찾고 평정심을 되찾는 것이 더 낫다고 조언한다. 나 역시 그렇게 생각한다.

'결사 항전'이라는 말이 처음 언급된 것은 사마천의 『사기』 「회음후열전」이다. 한신이 정형 전투에서 훈련도가 낮은 군사를 분발시키기 위해 일부러 강을 등지고 진을 쳤고 물러설 곳이 없는 공포 속에서 군사들이 사력을 다해 저항하도록 했다. 결사 항전 덕분에 한신을 얕보고 공격한 조나라는 패배하고 말았다. 이로써 배수의 진을 친 결사 항전은 위험한 상황에서 사기를 높여 승리를 이끄는 전술로 소개됐다.

그러나 「회음후열전」에는 배수의 진에 대해 우리가 알지 못하는 다른 시각의 이야기도 나온다. 애초에 배수의 진은 그 자체로는 매우 허술한 전략이다. 뒤에 강이 있으면 아군은 수세에 밀려도 도망갈 곳이 없다. 예비대를 운용하기도 어렵다. 그럼에도 한신이 배수의 진을 선택한 것은 적의 방심을 유도하기 위해서였다. 또한 배수의 진은 후방 공격을 막을 수 있어 유리한 점이 있었다. 그러나 이러한 장점에도 '배수의 진을 친 결사 항전'은 치명적인 단점을 갖는데 바로 '보급의 어려움'이다. 물자를 끌어올 수 없다. 전선을 오래 유지할 경우 아군은 자멸하게 된다. 단시간에 적을 전멸시킬 배짱과 실력이 없다면 선택해선 안 되는 전술이다.

불안과 스트레스 상황에서 '배수의 진을 친 결사 항전'은 더 나쁜 상황을 불러올 수 있다. 무조건 '극복할 수 있다.'라며 스스로를 몰아붙여서는 안 된다. 오히려 '내가 불안과 스트레스를 느끼고 있다.'라는 것을 인정하자. 최악의 상황을 반복해 그려 보는 '상상의 굴레'에서 벗어나려 해야 한다. 이때 시야를 확장하는 '여유'가 필요하다.

시야를 넓히라는 뜻으로 "나무가 아니라 숲을 보라."는 말을 자주 인용한다. 여유는 나무가 아니라 숲을 보게 해준다. 목숨이 달린 것 같은 중대한 문제도 사실은 우리가 살면서 만나는 무수한 문제 중 하나일 뿐이고 설사 실패하더라도 완전히 망가지지 않는다. 또 다른 기회의 문이 열려 새로운 항해를 시작할 수도 있다.

같은 뜻으로 경영자의 길로 들어설 때 선배 경영자로부터 "여유가 최고의 조언자"라는 이야기를 들었다. 미래의 경영자들에게 꼭 전하고 싶은 메시지다.

4부

[업무 역량 키우기]

일잘러와 리더가 되기 위한 역량을 길러라

8장

셀프 업그레이드로 일잘러가
돼라

1
상사의 의도를 먼저 파악하라

관찰과 경청은 시행착오를 줄여준다

주니어 시절은 대부분의 시간을 배우는 데 쓴다. 신입사원이 제대로 한몫을 해내기까지 수개월에서 수년이 걸리기도 한다. 그럼에도 선배들은 "나도 처음에는 어리바리했다. 업무의 범위라는 게 정해져 있어서 시간이 지나면 점차 익숙해지고 좋아진다."라는 격려를 많이 한다. 틀린 말은 아니지만 100% 맞는 말도 아니다. 정해진 업무만 오래 한다고 해서 능력을 키우면서 성장할 수 없다. 그 너머를 경험하기 위해서 '상수上手'가 되는 빠른 방법을 찾아야 한다.

하수가 상수를 따라잡을 수 있는 쉽고 빠른 방법은 벤치마킹이다. 먼저 상수를 찾아 그 혹은 그녀의 능력이 어떻게 만들어졌는지를 파악한다. 자신의 상태와 비교해 보면 격차를 확인할 수 있다. 격차를 줄여 나간다는 목표로 벤치마킹을 실천한다. 입사 초기는 뻔하고 당연한 일부터 잘해 내려고 노력하는 것이 좋다. 이때 관찰과 경청은 매우 유용하다. 초보자라도 제대로 보고 제대로 들으면 실수가 없다. 물론 말처럼 쉽지는 않다.

로댕의 생각하는 사람과 뉴욕의 자유의 여신상을 연상해 보라. 어떤 모습인가? 생각하는 사람의 얼굴을 괴고 있는 팔은 오른팔인가 왼팔인가? 자유의 여신상이 횃불을 들고 선 팔은 어느 쪽인가? 생각하는 사람은 오른손으로 얼굴을 괴고 있고 왼손과 무릎이 교차돼 있다. 자유의 여신상도 오른손으로 횃불을 들고 있다. 막상 질문을 해 보면 정확한 대답을 하는 이가 손에 꼽힌다. 관찰은 단순히 보는 것이 아니라 알게 되는 것이다. 경청은 그냥 듣는 게 아니라 이해하는 것이다. 팁을 보태자면 사전에 정보가 많고 주의력을 더 기울일수록 잘 알게 되고 이해하게 된다.

상사의 지시를 받을 때는 최대한 사전 정보를 활용한다. 해당 내용을 대충이라도 알고 있으면 상사의 행동과 표정을 보며 어떤 의도로 지시를 내리는지도 파악할 수 있다. 이야기를 들을 때 눈을 응시하고 이해하지 못한 부분은 질문을 해가며 핵심을 파악한다. 내가 가진 정보가 맞는지 확인하고 업무를 구체화할 수 있다.

많은 주니어가 새로운 업무 영역에 부딪힐 때 갈피를 잡지 못하곤 한다. 우선은 롤모델이 될 만한 상수를 찾아야 한다. 그리고 부지런히 따라간다. 시간이 지나 정신을 가다듬어 보면 중수 언저리에는 도

달해 있을 것이다.

스스로의 한계부터 인정하고 상사의 의도를 파악하라

시니어가 되고 나서 신입 주니어들을 만나 허심탄회하게 이야기해 보면 "상사의 꾸지람을 어떻게 받아들여야 할지 모르겠다."라는 고민을 자주 듣는다. 상사의 꾸지람을 어떻게 소화해야 하고 요구는 어디까지 따라야 하는지 모르겠다는 말이다. 경험에 기초한 몇 가지 조언을 하고자 한다.

요즘은 "진국이다."라는 표현을 많이 쓰지 않는다. 뚝배기에 담긴 설렁탕처럼 보기에는 별것 없지만 깊은 맛이 난다는 우리식 표현이었다. 직장에서는 잔머리를 굴리지 않고 상사의 방향과 지시가 다소 못마땅해도 일단은 수긍하고 우직하게 따르는 직원들에게 이런 표현을 쓰곤 했다. 나도 그 대열에 끼어 있었다. 그러나 정말 납득하기 어려운 꾸지람이나 지시를 들을 때는 감정이 좋지 않고 "도대체 왜 저럴까?" 하는 고민을 하곤 했다. 당시 내가 짐작한 이유는 크게 두 가지였다.

첫째는 상사의 말에서 의도를 제대로 파악하지 못한 경우다. 성격이 까칠해 누구도 쉽게 다가가기 어려운 상사가 있었다. 나도 감정적으로 어려운 때가 있었다. 그런데 가만 보니 성격의 문제라기보다는 말의 순서에 문제가 있는 경우였다. 보통의 상사들은 잘한 점을 먼저 이야기하고 부족한 부분을 지적하며 수정과 보완을 요청한다. 부드럽게 업무를 지시한다. 그런데 그 어려웠던 상사는 잘못된 부분을 먼저 짚어 이야기를 시작해 감정이 틀어졌다. 업무 지시가 잘될 리 없었다. 몇 번의 경험을 통해 그 상사 역시 하고 싶은 말을 다 하지 못해 불편해 한다는 것을 알았다. 시간이 흐른 뒤 상사에게 소통을 잘하기 위해 말하는 순서를 바꿔보면 좋겠다는 이야기를 꺼냈다.

습관처럼 굳어버린 대화방식을 고치기는 쉽지 않다. 부하 직원 입장에서는 대화를 감정적으로 받아들이지 말고 지적받은 문제에 집중하는 것이 낫다. 문제를 명확히 파악한 후 이를 수정하면 감정적인 부분도 자연스럽게 해결된다. 대부분의 상사는 사원들보다 경험이 많기 때문에 잘못이 잘 보인다. 성급하게 자신의 기준으로 상사를 평가하기에 앞서 자신의 업무를 점검해 보는 것이 좋다.

둘째는 상사가 원하는 것을 달성하지 못한 경우다. 성실함은 좋은 자질이지만 그것만으로 완벽하지는 않다. 특히 주니어 시절의 업무 역량은 비교적 높지 않아서 업무 지시를 제대로 이해하지 못하는 경우가 종종 있다. 기획안이나 보고서도 핵심은 빗겨 가고 변죽만 울리다 끝나는 경우가 있다.

스스로 열심히 했다고 생각했는데도 상사가 결과에 만족하지 못했다면 다시금 상사의 입장에서 생각해 봐야 한다. 감정적으로 상사의 상태를 넘겨짚지 말고 솔직히 말하는 것이 좋다. 어느 부분에서 문제가 있고 어떤 부분을 수정해야 하는지 구체적인 피드백을 구해야 한다. 업무적으로 전문성은 갖췄으나 때로는 의사소통이 어려운 상사도 있다. 그럴수록 부하가 먼저 부족한 부분을 인정하고 도움을 구하면 의외로 쉽게 문제가 해결되기도 한다. 상사의 예상과 기대를 명확히 확인한 후 업무 성과를 향상하는 형태의 시행착오를 몇 번 경험하다 보면 업무 능력은 물론 상사와의 소통 스킬도 향상될 것이다.

수업과 학습으로 한계를 넘어서라

개인적으로 기억에 남는 선배들이 몇몇 있다. 곰곰이 생각해 보면 그들은 모두 '혹독한 면'이 있었다. 왜 그러했을까를 떠올리다가 모두 '수업과 학습Lesson & Learn'에 집중했다는 것을 알게 됐다. 강하게 가르침으로써 오래도록 잊지 않게 한 것이다.

일반적으로 선배들의 업무 지시는 먼저 명확한 목표 수준을 제시하고 다음으로 '너머Beyond the limit'를 이룩하도록 하는 식이었다. 때로 목표는 업무 수준에 대한 것이기도 하지만 시간에 대한 것이기도 하다. 일례로 3일 정도 걸리는 업무를 '내일까지'라고 못 박아 시키는 것이다. 단순히 부하 직원을 골탕 먹이려는 것이 아니라 일의 시급성을 고려해 시간을 당겨서 목표를 세운 것이라고 이해해야 한다. 이런 식으로 높은 업무 수준을 따라가면서 한계를 넘어서는 경험을 종종 하게 된다.

나도 시니어가 되고 난 뒤에 후배들을 혹독하게 가르친 편이다. 그렇지만 후배들로부터 크게 원성을 사지는 않았다. 공과를 확실히 짚어주고 일과 사람을 분리해 일은 혹독하게 가르치지만 사람은 따뜻하게 대한 결과 감정의 앙금은 남지 않았다.

때로는 후배들에게 "가르치는 것이 없는 게 더 큰 문제다."라고 강조하기도 했다. 방식이야 여러 가지가 있을 수 있지만 가르치는 행위 자체가 사라져선 안 된다. 요즘은 수평 조직을 강조하고 선배와 후배의 역할을 강조하는 것을 기피한다. 하지만 개인은 물론 조직의 성장을 위해서도 전수하고 배우는 과정은 필요하다.

역할을 구분하면 선배는 후배들에게 요구하는 기대치를 명확히 알려주고 왜 그래야 하는지를 설명하고 가이드를 제시할 수 있어야 한다. "그냥 해!"라며 호통치기보다 어떻게 하면 잘할 수 있을지 고민할 여지도 줘야 한다. 후배의 질문에 말문이 막혀 대답을 못 하는 경우라면 통렬한 자기반성이 필요하다.

후배는 선배의 지시를 숙지하고 관리 포인트를 점검해야 한다. 자세한 가이드를 받지 못했을 때는 요청할 필요도 있다. 요즘 신조어 중에 '넵병'이라는 것이 있다고 한다. 업무 지시에 "네네" 하고 답은 잘하지만 실행도 못 하고 마감도 못 지키는 경우를 말한다. 후배는 미숙할수록 솔직해야 한다. 자신이 이해한 것, 가능한 것, 불가능한 것을 선배에게 전달하고 정확한 코칭을 요청하는 것이 답이다.

상사를 주도하면서 이끌 수 있어야 한다

첫 책 『그로쓰』를 출간하고 많은 호응을 받았던 것 중 하나가 '일 잘하는 직원에 대한 정의'였다. 그 글을 주니어들에게 소개하고 싶다.

나는 '성장의 법칙'을 묻는 후배들에게 "일 잘하는 직원이 되고 싶거든 상사를 부려 먹는 직원이 돼라."라는 농담이 섞인 이야기를 자주 했다. 내가 생각하는 일 잘하는 직원의 A, B, C, D는 이렇다. 상사의 '지시'를 받아 그 일만 잘하는 직원은 C급이다. 상사에게 지시받은 일도 잘해 내지 못하는 D급 직원은 생존 자체가 어렵다. 많은 직원이 상사가 시키는 일을 잘하면 된다고 생각하는데 그것만으로는 부족하다. 시킨 일을 잘하는 것은 기본이다.

B급 직원은 상사의 '기대'에 맞춰 일을 잘하는 직원이다. 상사의 기대에 맞춰 일을 잘한다는 것은 두 가지로 나눠볼 수 있다. 통상적으로 회사의 일은 매주, 매월, 매 분기, 매년 등으로 반복된다. 이렇게 일의 패턴을 찾아내 그에 맞게 미리미리 일을 계획하고 실행하는 부류가 있다. 또 다른 부류는 상사와 오랫동안 호흡을 맞춰 일하다 보니 상사의 성향, 눈높이, 기대치를 파악할 수 있고 거기에 부응하며 일을 해낸다. B급 직원은 일에 노련미가 묻어난다.

가장 일을 잘하는 직원은 여기서 한 걸음 더 나아간다. A급 직원은 일을 추진하고 장애물을 해결하는 데 상사를 해결사 또는 도움꾼으로 활용하는 직원이다. 그들은 속된 표현으로 상사를 부려 먹는다. 한 예로 부하 직원이 회사와 부서를 위해 정말 획기적인 프로젝트를 기획해서 추진한다고 하자. 그 프로젝트를 추진하려면 관계부서 협조도 얻어야 하고 극복해야 할 난관이 많다. 그런데 본인은 직급이 낮아 그 문제를 해결하기에는 역부족이다. 그때 부하 직원은 추진하려는 프로젝트를 상사에게 잘 설명한다. 상사가 그 프로젝트가 아주 맘에 들면 자진해서 장애물을 해결해 주면서 부하 직원이 프로젝트를 추진하도록 도와주고 격려해 줄 것이다. 이것이 내가 생각하는 A급 직원이다.

여기서 포인트는 상사가 지시한 것이 아니라 부하 직원이 기획한 프로젝트에 상사가 반했다는 것이다. 즉 A급 직원은 창의적, 자발적, 적극적이다. 상사가 무엇을 지시할까 기대하면서 거기에 맞춰서 반응하는 것을 넘어서 상사를 주도하면서 이끌어 가는 부하가 일 잘하는 직원이다. 그런 A급 직원에게 성장과 성취가 없을 수 없다.

2

업무의 질을 어떻게 높일 것인가

틀에 갇히지 말고 업그레이드하라

한 상사가 부하 직원에게 USB를 주며 프린트를 지시했다. 중요한 회의 자료이니 실수 없이 하라고 당부도 했다. 알겠다며 USB를 받아 든 직원이 자리로 가 프린트를 했다. 그런데 무슨 문제인지 인쇄물이 나오지 않았다. 다음 날 상사가 부하 직원을 불러 회의 자료가 어떻게 됐는지 물었다. 어떤 일이 벌어졌을까?

상상해 볼 수 있는 경우의 수는 세 가지다. 첫째, 프린터가 고장 나 프린트를 못 했다. 둘째, 프린터가 고장 나 다른 부서에 가서 프린트를 해왔다. 셋째, 프린터 업체에 연락해 문제를 해결하고 프린트를 마무리했다. 상사는 이처럼 프린트라는 간단한 지시에서도 사원이 얼마큼의 유연성과 돌파력을 가졌는지 파악할 수 있다. 일 잘하는 사람은 어디서든 티가 나게 마련이다.

업무의 질을 향상하는 방법에는 여러 가지가 있을 수 있다. 쉬운 방법은 상사의 눈높이로 문제를 보고 해결점을 제시하는 것이다. 일례로 나는 비서들에게 "사장을 수하로 부릴 수 있는 비서가 돼라."라는 말을 종종 한다. 비서는 사장의 스케줄을 관리하고 각종 서류의 처리를 돕는다. 그런데 감히 사장을 부리는 비서라니? 사장이 비서의 의견에 전적으로 동의하고 "우리 비서가 시키는 대로 하면 아무 문제 없다."라며 높은 신뢰를 보이는 경우다. 실제로 잭 웰치 등 수십 년간 우수한 성과를 내온 경영자 뒤에는 오랫동안 함께 한 비서들이 있었다.

회사의 일이란 것이 거기서 거기 같지만 엄밀히 '같은 일'이란 없다. 항상 정형화된 틀에 갇히지 말고 능동적으로 업그레이드할 방법을 고민하고 실천해야 한다.

능숙한 것에 익숙해지는 것을 경계하라

일을 잘하기 위해서는 '효율성을 높이는 것'도 매우 중요하다. 당연히 어떤 일이든 처음 시작할 때는 효율성이 떨어진다. 이때 효율성을 높이는 가장 쉬운 방법은 반복해서 훈련하는 것이다. 능숙해질 때까지 열심히 반복하다 보면 효율성도 높아진다.

구멍가게에서 하루 매출을 결산하는 단순 업무가 있다고 하자. 초보 사장은 계산기 사용도 어렵다. 계산 오차가 수시로 생긴다. 그러나 매일 같은 일을 반복하다 보면 어느 순간 능숙해지는 때가 오게 마련이다. 이때부터는 계산기를 쳐다보지 않고도 한 손으로 자판을 두드려 값을 구할 수 있다. 능숙해질수록 업무는 쉬워지고 효율성은 높아진다. 그러나 같은 업무를 계속하다 보면 어느 순간 능숙함 때문에 효율성이 떨어지는 경우도 생긴다.

장사가 잘돼 구멍가게의 매출이 늘어나고 직원도 뽑았다. 그 때문에 매일 쌓이는 현금 영수증, 카드 영수증이 한 다발이다. 저녁이 되면 계산기에 익숙한 사장도 결산하는 데 한 시간씩 걸린다. 새로 들어온 직원은 엑셀을 활용하거나 결산 프로그램을 활용하는 것이 어떻겠냐는 이야기를 꺼낸다. 그러나 일반적인 사장은 이러한 조언을 잘 받아들이지 않는다. 속마음은 엑셀 프로그램을 익히는 것이 귀찮고 돈을 들여 회계 프로그램을 쓰는 것이 부담스럽다.

이처럼 익숙해졌다는 이유로 효율성이 떨어지는 방식을 고수하는 모습은 대기업에서도 종종 볼 수 있다. 요즘은 문서작성 도구가 다양하다. 스마트폰으로도 업무 처리가 가능하고 빠르고 편리하다. 내가 처음 입사했을 때는 문서작성 도구가 타자기에서 워드프로세서로 넘어가고 있었다. 곧이어 PC가 보급되었고 윈도와 MS오피스 프로그램에 관한 교육을 했다. 한참 뒤에는 사내 PC에도 통신선이 연결됐고 인터넷 활용이 자유로워졌다.

그러나 이렇게 업무 도구가 바뀌는 과정에서 사내에서 벌어지는 혼선은 말이 아니다. 변화를 거부하며 교육을 기피하는 이들이 상당하다. 이들은 익숙한 것이 편하고 새로운 것은 불편하다고 말한다. 한 부장은 결재 시스템이 온라인화됐음에도 수기 결재를 고집하기도 했다. 자신에게 편하다는 이유로 비효율을 선택했던 것이다

업무 효율을 꾸준히 올리기 위해서는 익숙하고 능숙한 것에 갇히는 것을 경계해야 한다. 규격화된 일을 관행적으로 하는 태도는 문제가 크다. 급진적 향상을 위해서는 유연함과 돌파력을 발휘해야 한다.

이해도를 높이려면 입체적으로 볼 줄 알아야 한다

경쟁사와 시장 환경을 제대로 파악하는 것이 업무의 질을 높이는 기회가 되기도 한다. 일본법인장으로 일할 때였다. 부임 초기에 영업사원들과 면담하며 매출 부진 사유를 물어보았다. 영업사원들은 하나같이 물건을 파는 것이 쉽지 않다고 볼멘소리했다. 이야기인즉슨 거래처들로부터 "물건이 품질은 좋지 않고 가격은 비싼 데다 납기도 잘 맞추지 않아 구매가 어렵다."라는 이야기를 듣고 왔다는 것이었다. 이야기를 듣고 "그러면 다른 경쟁사 상황은 어떻고 거래선의 재고와 판매 상황은 어떤가?" 하고 물어보았다. 영업사원들은 말문이 막혀 아무런 대답을 못 했다. 나는 "당신은 세일즈맨이냐 우편배달부냐?"라며 언성을 높였다.

"거래처에서 물건을 받지 않을 수는 있다. 그럼 우리는 그 이유를 알아야 한다. 그들이 왜 그런 소리를 하는지, 물건을 싸게 받기 위해 볼멘소리를 하는 것인지, 다른 구매상과 거래 중이어서 핑계를 대는

것인지 알아내야 한다."

나는 거래선이 하는 이야기를 앵무새처럼 전달만 하는 영업사원들에게 종합적인 정보를 가져오라고 했다. 통일된 한 장짜리 양식을 주고 필요한 정보를 담아 오라고 구체적으로 지시했다. 내가 제시한 양식은 매우 간단했다. A4 용지를 두 번 접어 면을 4분할한 후 각 칸을 채워오는 식이다. 구체적으로 1분면에는 거래선의 분기별 판매 계획과 실적, 2분면에는 거래선의 신제품 개발 로드맵, 3분면은 우리 판매 제품에 대한 경영계획과 실적 그리고 경쟁사와의 시장점유율 비교, 4분면은 영업 활동에 있어서 최근 주요 이슈 및 대책을 써 넣도록 했다.

고작 A4 용지 한 장이지만 이를 채우자면 우리 회사는 물론 시장, 거래선, 경쟁사의 상황을 종합적으로 이해해야 했다. 우리 회사와 경쟁사는 부품을 납품하고 거래선은 이들 부품을 모아 세트(가전제품)를 만들기 때문에 각각의 재고량과 판매량은 유기적으로 영향을 주고받았다. 따라서 전체를 이해하면 시장에서의 포지션과 영업전략을 빠르게 결정할 수 있었다. 영업사원들에게 이러한 상황을 설명하고 강하게 드라이브했다.

영업사원들에게 매달 거래선별 1장의 보고서를 제출하고 보고하게 했다. 당시 일본법인의 주요 거래선은 30여 개였는데 초반에는 4분면을 모두 채우지 못한 보고서가 올라와 혼을 많이 냈다. 6개월을 넘겨서야 빈칸 없는 보고서 30여 장을 하나의 파일로 정리할 수 있었다. 영업사원들의 분발은 실적 향상으로 이어졌다. 상황에 대한 이해가 높아지면서 업무의 질도 좋아진 것이다.

감정노동에서 승점을 얻어라

마지막으로 요즘 많은 논쟁이 되는 감정노동에 관한 이야기를 해볼까 한다. 사전적 의미의 감정노동은 '실제적 감정을 속이고 고객의 기분에 맞춰 상대해야 하는 노동'이다. 감정노동자들의 고충이 심각한 사회문제로까지 부각되었고 감정노동의 범위도 점차 확대되는 추세다. 과거에는 서비스직 종사자들을 감정노동자로 분류했다. 최근에는 대부분의 노동자가 감정노동의 피해를 보고 있다고 한다. 직장 생활에서 어쩔 수 없는 '관계' 때문에 과중한 스트레스를 받는다는 이유에서다. 이런 분위기 속에서 직장 내 감정노동은 괴로운 것이고 그래서 피해야 하는 것이라는 고정관념이 생기고 있다.

상사, 동료, 직장 후임들과의 일상적인 관계에서조차 "감정노동을 하고 있다."라고 말하는 사람들이 늘고 있다. 좋아하지 않는 상사에게도 웃으며 보고해야 하고 같이 하고 싶지 않은 직원들과도 식사해야 하고 불편한 후배에게도 친절을 베풀어야 하는 어려움을 '감정노동'이라고 정의하는 것이다. 그러다 보니 퇴근 후 개인적 연락을 하지 않고 회식 참석도 꺼리는 문화가 확산되고 있다.

그런데 최근에 나는 감정노동에 대해 다른 생각을 하게 됐다. 『린치핀』의 저자 세스 고딘은 "감정노동이란 모든 사람이 적응할 수 있는 가치 있는 일"이라거나 "인간은 감정노동을 통해 예술을 구현해

낸다."라며 감정노동의 가치와 중요성을 역설했다. 평범한 일도 상호작용 능력과 공감 능력을 발휘하면 예술작품처럼 자신만의 창조물로 변화한다는 이유에서다.

나 역시 감정노동이야말로 업무의 질을 향상하는 숨은 경쟁력이라고 생각한다. 한번쯤 낯선 이의 작은 배려, 따뜻한 말 한마디, 밝은 미소로 기분이 좋아진 경험을 해보았을 것이다. 하물며 가장 가까운 상사, 부하, 동료가 친절을 베풀고 웃음으로 대화를 이끌어준다면 그보다 좋은 상황은 없을 것이다. 감정노동이라고 이름 붙여진 '배려와 친절'은 그 자체로 업무를 예술로 승화시킨다. 모두가 꺼리는 것일수록 자신만의 강점으로 만들기가 쉽다. 업무의 질을 높이는 좋은 방법이 아닐까 싶다.

3

경쟁과 고객이 나를 업그레이드한다

글로벌 스탠더드에 맞춰라

경영자가 되고 여러 사업을 맡아보았다. 삼성그룹 내에서 움직이는 것이라 어디를 가든 비슷할 것 같았지만 실상은 그렇지 않았다. 회사별로도 차이가 컸고 같은 회사 내에서도 사업부별로 차이가 있었다.

그 사업은 부임한 첫해에 적자를 기록했다. 주가도 내려갔다. 이전에도 적자 사업을 맡아본 적이 있어서 상당한 부담감을 안고 시작했다. 바짝 긴장하고 혁신을 드라이브했다. 그런데 몇 주를 겪어보니 직원들의 역량이 생각보다 미흡하게 느껴졌다. 삼성그룹에 입사한 직원들은 나름의 자질을 검증받고 인력 사관학교로 불리는 인재개발

196 언밸런스

원에서 교육도 이수한다. 그런데 왜 차이가 나는 것인가?

찬찬히 살펴보니 '우물 안 개구리'로 오래 지내온 때문이었다. 그 회사의 비즈니스는 국내에서 관계사들과 하는 것이 대부분이었다. 그러다 보니 역량을 갈고닦을 기회가 많지 않았다. 나는 그들을 다이아몬드의 원석에 빗대며 제대로 빛을 발할 때까지 꾸준한 연마 과정을 거쳐보자고 했다.

혁신은 쉽지 않았다. 품질이나 제조 생산성을 높이고자 가장 밑단부터 가장 높은 곳까지 모두 점검하고 효율을 높여 나갔다. 공장 전체를 뒤져 제품에 들어가는 쇳가루가 컨베이어 벨트에서 나온다는 것을 확인하고 컨베이어 벨트를 없애기도 했다. 경쟁사와 비교해 가장 높은 생산성을 목표로 잡아 원성을 사기도 했다. 무리라고 하는 직원들을 독려하며 강하게 드라이브했다. 결과적으로 예상보다 빨리 목표를 달성했다. 이렇게 적자 사업이 흑자로 돌아서니 직원들의 태도도 바뀌었다. 처음에 사업을 제안하면 "이래서 안 된다." "저래서 안 된다." 하던 직원들이 더 높은 목표를 제시해도 "까짓것 해보죠." 라며 도전 의지를 불태웠다.

역량이 낮을 때는 높은 목표가 어렵고 겁이 날 수 있지만 회피해서는 답이 없다. 어려운 과제일수록 배움과 성취가 크다. 버겁다고 느낄 정도의 목표를 달성해 보라. 언제든 글로벌 스탠더드의 역량을 갖췄다고 자부할 수 있어야 한다.

일류 고객이 일류 직원을 만든다

업무의 질을 높이는 데는 고객의 역량도 영향을 미친다. 나는 전작 『그로쓰』에서 "일류 고객이 일류 품질을 만든다."라고 이야기했다. 삼성전자가 메모리 반도체 사업을 시작해 빠르게 성장할 수 있었던 이유 중에는 애플, 퀄컴 등 일류 업체와 비즈니스를 한 덕분도 있었다. 고객의 까다로운 요구사항을 맞추느라 고생했지만 그 덕에 빨리 고품질을 달성할 수 있었다. 더불어 일류 고객은 직원의 업무 질을 향상하는 데도 긍정적인 영향을 미쳤다.

삼성이 메모리 반도체 사업을 시작할 당시 산업의 최강국은 일본이었다. 삼성으로서는 사업의 초창기였고 일본 고객은 한국 업체와 업무를 진행할 수 있을지 매우 미심쩍어했다. 그래서 처음에는 물량도 매우 적게 발주했다. 그런데 아니나 다를까 판매된 제품에서 불량이 발견됐다. 고객사는 금요일 저녁에 불량이 생긴 것을 알렸다.

이야기를 들은 우리 반도체 담당자는 바로 불량 제품을 수거해 비행기 편으로 한국으로 보냈다. 시료를 받은 나는 주말도 반납하고 불량품 분석에 나섰다. 일요일 저녁에는 개선 방법까지 첨부한 보고서를 일본으로 보낼 수 있었다. 이를 받은 일본 측 담당자는 월요일 출근과 동시에 내용을 확인하고 크게 감동했다고 한다.

일류 고객에게 '대충대충'은 통하지 않는다. 어떤 잘못도 사소하지 않다. 문제 발생의 위치를 정확하게 묻고 재발 방지를 위해 어떤 일을 할지도 확인한다. 직원 입장에서 업무 능력을 키우지 않고는 배길 수 없다. 여기서 한발 더 나아가 높은 요구사항을 만족시키고 감동까지 줄 수 있다면 단연 상수라 할 만하다.

자리가 바뀌면 역할도 바뀌어야 한다

흔히 조직에서의 성장은 계단식이라고 한다. 한동안 정체된 듯하다가 한 번에 점프하듯 성장을 이룬다는 말이다. 진급은 능력 향상을 보여주는 이벤트이자 능력 향상을 요구받는 이벤트이기도 하다. 직장에서 근무하면서 일정 시기가 되면 진급이 이루어지므로 예상하고 준비하며 정체된 시기를 보내야 한다.

주니어, 중견 사원, 관리자, 임원, 경영자 등으로 위치를 나눠볼 때 내 경험상 각 자리에서 갖추어야 할 역량을 다음과 같이 축적하고 업그레이드해야 한다. 주니어 시절은 패기와 열정이 중요하다. 모르는 것은 물어야 하고 무슨 일이든 부딪혀 보는 것이 좋다. 아무리 허드렛일이라도 배울 것이 있다. 새로운 것을 습득하고자 하는 열의, 어려움에 부딪힐지라도 미래를 위해 열심히 하겠다는 패기, 문제를 해결하려는 노력을 갖춰야 한다.

중견 사원이 되면 실력이 중요하다. 1만 시간의 법칙에 따르면 4~5년이면 전문가가 된다. 그렇게 되도록 스스로 노력해야 한다. 전문가는 경험한 것에 머물지 않는다. 보고 들은 견문과 학습한 이론을 연결해서 실력을 향상해야 한다.

관리자가 되면 리더십이 중요하다. 부서의 책임자에게 성과란 개인의 성과가 아니라 부서원들의 성과를 합한 것이다. 조직원의 미션을 이해하고 부하 직원들을 독려해서 신바람 나게 일할 수 있도록 해야 한다. 부하 직원 개개인의 강점과 약점을 파악하고 격려해서 성과를 극대화하는 리더십을 발휘해야 한다.

임원이 되면 전략적 능력을 갖춰야 한다. 큰 사업과 조직을 맡아 많은 부대원을 끌고 가는 상황에서 제대로 방향을 설정하지 않으면 큰 위험이 따른다. 전략을 잘 갖추려면 해당 산업에 대한 이해를 바탕으로 고객의 니즈와 경쟁사의 상황 등을 통섭적으로 이해해야 한다. 이를 바탕으로 방향을 제시할 수 있는 전략적 능력을 갖춰야 한다.

경영자에게는 사상과 철학이 필요하다. 오너 경영자라면 '왜 사업을 하는가?'와 같은 질문을 해야 한다. 전문경영자라면 '어떻게 최고의 기업이 될 것인가?'와 같은 질문을 해야 한다. 또한 조직문화를 포함한 회사 전반을 고민해야 한다. 좋은 기업을 넘어서 위대한 기업이 되는 통 큰 사고가 필요하다.

대략적인 이야기를 했지만 실상 조직에 가면 이보다 세분된 많은 자리가 있다. 매 시기 요구되는 능력을 확인하고 변화하려고 노력해야 한다. 가장 염두에 둘 점은 과거의 주목받던 업무 능력으로 새로운 자리에서도 성공해 보겠다는 생각은 말아야 한다는 것이다.

자동차 회사에 신입 기술공으로 입사했던 후배의 사례를 들어보자. 그는 주니어 시절 열정과 인내심을 가지고 자동차의 결함을 발견하고 수리하는 일을 했다. 곧 탁월한 능력을 인정받아 중간관리자로 승진했다. 그런데 이때부터 그의 열정과 완벽주의가 부담으로 작용하기 시작했다. 관리자가 된 기술공은 자신이 만족할 때까지 작업을 진척시키지 않았고 부하 직원의 일에도 사사건건 개입했다. 팀의 업무 성과는 급격히 낮아졌고 유능한 기술공은 무능한 중간관리자로 전락했다.

이런 문제를 예방하기 위해서는 새로운 자리에 새로운 업무 역량이 필요하다는 것을 인지해야 한다. 현실에는 고등학교 4학년, 대학교 5학년이 없지만 대학과 사회에 가보면 지난 자리에서 '졸업'을 못하고 과거의 행태를 반복하는 이들이 있다. 위치가 바뀌면 역할도 바뀌어야 한다. 역할 변화를 계기로 더 높고 넓은 차원에서 사고할 줄 알아야 한다. 시야가 높고 넓어지면 역량도 높고 넓어진다.

9장

솔직하고 유연한 게
리더의 덕목이다

1

보고 배울 수 있는 자리에 선다는 것

상사의 자격을 고민할 때 리더십을 배운다

주니어 시절 처음으로 '상사의 자격'을 고민하게 됐다. 나의 노고를 알아주지 않는 상사에게 크게 섭섭함을 느낀 뒤였다. 속으로 최소한 저런 상사는 되지 말아야겠다고 생각했다. 구체적으로는 '팀원의 노력의 10분의 1은 쏟을 수 있는 상사가 되자.'라고 다짐했다. 그러나 시간이 흐르면서 내가 생각한 상사의 자격은 매우 단편적이라는 것을 깨달았다. 사실 좋은 상사, 좋은 리더가 되는 것은 다양한 부분에서 더 큰 노력이 필요하다.

심리학자 스티브 알브레히트Steve Albrecht 박사가 미국의 심리학 전문 사이트인 『사이콜로지 투데이』에 게재한 「당신이 일한 최고의 상사

와 최악의 상사는?」이라는 칼럼에 나열된 '좋은 상사'의 요건은 대략
이러하다.

- 팀원의 의견을 경청한다.
- 모두를 공정하게 대한다.
- 커리어에 대해 멘토링한다.
- 사람들 앞에서 칭찬한다.
- 실수로부터 배울 여유를 준다.

재미있는 점은 '좋은 상사'의 덕목보다 '나쁜 상사'의 요건이 더 많
았다는 점이다.

- 업무 지시를 번복한다.
- 소리를 지른다.
- 남의 아이디어를 가로챈다.
- 팀원들과 소통하지 않는다.
- 가르쳐 주지 않고 질문을 귀찮아한다.
- 상부에 팀원을 깎아내리는 말을 한다.
- 개선책 없이 꾸짖기만 한다.

칼럼을 읽으며 상사의 요건은 어디나 비슷하다는 생각이 들었다.
더불어 '나는 어떠한 상사인가?' 하고 자문해 봤다.

리더는 휴지통을 설치하는 사람이다

"상사란 어떤 사람인가?"

보통의 상사는 리더다. 리더는 리드하는 역할을 한다. 무리를 더나은 곳으로 이끈다. 그러나 조직에서 팀원들이 느끼는 상사의 주된역할은 업무를 배분하고 지시하는 것이다. 당장 눈앞에 보이는 문제를 해결함과 동시에 조직의 나아갈 바를 고민해야 한다.

"아주 큰 국립공원을 관리한다고 칩시다. 갑자기 관광객이 늘어나면서 여기저기 버려진 쓰레기로 몸살을 앓게 됐어요. 여러분이 리더라면 어떤 일을 할까요? 먼저 직원들에게 쓰레기를 잘 치우라고 지시하겠죠? 이왕이면 휴지통이 넘치기 전에 자주 비우라고 지시를 할겁니다. 그런데 여러분, 그걸로 끝일까요? 당장은 쓰레기를 줍고 휴지통을 자주 비우는 것으로 나아진 것 같지만 오래 가지 못할 겁니다. 가중된 업무에 직원들은 지칠 것이고 불만을 토로하기 시작할 테니까요.

리더는 무엇을 해야 할까요? 먼저 휴지통을 추가로 설치해야 합니다. 쓰레기를 휴지통에만 버려도 일이 줄겠죠. 그리고 캠페인도 진행해야 합니다. 국립공원이 안전하고 쾌적한 곳으로 관리되도록 관광객들을 계도해야 합니다."

일반 직원과 리더의 차이를 설명할 때 자주 드는 사례다. 쓰레기를 치우는 것은 직원들의 일이지만 쓰레기통을 더 설치하고 캠페인을 벌이는 것은 리더의 일이다. 합당한 역량과 책임감을 반드시 갖추고 있어야 한다.

닮고 싶은 리더의 리스트를 작성하라

"리더가 되기 위해 어떤 노력이 필요합니까?"

리더의 자격을 이야기할 때 곧잘 따라붙는 질문이다. 현실에서 리더를 키우는 가장 큰 자원은 시간이다. 조직에서 연차가 쌓이다 보면 자연스럽게 직책이 생기고 리더의 역할을 감당하게 된다. 그러나 시간은 무한한 자원이 아니다. 적은 시간에 많은 성장을 이루기 위해서는 적절한 전략을 활용해야 한다.

어느 영역에서든 후발주자가 가장 빨리 선두를 따라잡을 수 있는 전략은 벤치마킹이다. 자기계발에 적용하자면 롤모델을 설정하고 따라가는 것을 들 수 있다. 그러나 이 전략은 약점이 하나 있다. 나도 한 후배로부터 "현실에서 그럴 만한 선배를 찾을 수 없을 때 어떻게 해야 합니까?"라는 질문을 받은 바 있다. 나 역시 경영자 수업에 본격적으로 돌입하던 때 같은 고민을 한 적이 있다. 당시 삼성에는 수많은 선배 경영인이 있었고 다 장점이 있었다. 하지만 내가 원하는 부분을 모두 갖춘 이는 없었다. 나는 개별 선배 경영인의 장점을 파악한 후 합집합으로 묶어 '내가 되고 싶은 리더의 표본'을 만들었다.

앞서 소개한 스티브 알브레히트 박사도 칼럼에서 "리더십 목록을 작성하라."라고 조언했다.

"당신이 경험한 최고의 상사가 한 일 중 모방하고 싶은 것은 무엇이며 최악의 상사가 했던 것 중에서 피하고 싶은 것은 무엇인가? 리더십을 향상하는 유용한 연습은 펜을 들고 당신과 함께한 최고의 상사의 특성, 행동, 캐릭터의 리스트를 만드는 것이다."

중요한 것은 닮고 싶은 리더의 리스트를 직접 써보는 것이다. 자신이 만난 리더의 이름과 장점을 하나씩 번호를 붙여 적어 나간다. 상세한 설명을 덧붙이면 더 오래 기억할 수 있다. 이 메모를 수첩에 붙여두고 수시로 확인해 본다. 그럼 리더의 자질이 필요한 상황이 생길 때 자연스럽게 '그 리더라면 어떻게 이 상황을 해결했을까?'를 떠올리며 답을 찾을 수 있다.

되고 싶은 리더가 되는 데 열정을 기울이면 기울일수록 좋은 리더가 되는 데 걸리는 시간을 줄일 수 있다. '보고 배울 수 있는 자리'에서 모범을 보이며 가르치는 일을 즐겁게 감당할 수 있게 될 것이다.

2

솔선수범과 기다림으로
리더십을 발휘하라

말의 힘을 느끼고 싶다면 반드시 행동하라

흔히 '훌륭한 언변'은 좋은 리더의 덕목으로 꼽는다. 대부분의 업무 지시가 '말과 글'로 이루어지기 때문에 핵심을 잘 짚는 논리적인 언변은 큰 도움이 된다. 그러나 리더의 주장이 추진력을 갖추기 위해서는 반드시 행동이 수반돼야 한다.

"내가 바칠 것은 피와 땀과 눈물밖에 없습니다."

제2차 세계대전을 승리로 이끈 윈스턴 처칠의 말이다. 그는 1940년 총리로 취임한 후 첫 의회 연설에서 독일과의 전쟁을 호소했다. 애국심에 자극받은 영국인들은 윈스턴 처칠에게 전폭적인 지지를 보냈다. 또한 그는 뛰어난 언변으로 1953년 노벨문학상을 받기도 했다.

노벨상을 관장하는 스웨덴 한림원은 "전기와 역사서에서 보여준 탁월함과 인간적 가치를 드높인 훌륭한 연설"을 이유로 꼽았다.

그런데 영국인들에게 윈스턴 처칠에 관해 물어보면 자주 언급되는 이야기는 다른 것이다. 대표적으로 전쟁 포로가 되어 스스로 탈출한 청년 윈스턴 처칠에 관한 이야기를 들 수 있다. 10대 시절 처칠은 육군사관학교를 입학했고 졸업 후 여러 전투에 참여했다. 제대 후에도 보어전쟁에 자진해 참전했다가 포로로 잡혔다. 갖은 고초 끝에 스스로 탈출해 전쟁영웅으로 이름을 알리기 시작했다. 이후 제1차 세계대전 때 영국의 해군 장관을 역임했고 제2차 세계대전을 승리로 이끌었다. 6년간의 기록을 정리한 『제2차 세계대전』이라는 저작물은 그의 머리가 아니라 몸이 써 내려간 것이었다.

윈스턴 처칠은 대표적인 '언행일치의 리더'로 꼽힌다. 젊은 시절부터 보여준 국가에 대한 헌신을 영국인 모두가 기억하고 있다. 덕분에 2002년 BBC에서 실시한 '위대한 영국인 100인' 설문조사에서 1등으로 당당히 이름을 올리기도 했다. 영국이 낳은 슈퍼스타 뉴턴과 셰익스피어를 앞지른 지지였다.

리더를 믿게 하는 것은 일관된 행동과 메시지다

리더의 행동은 수 마디 말보다 많은 것을 시사한다. 사안의 경중을 따질 때도 직원들은 리더의 말이 아니라 행동을 보고 판단한다. 리더의 일관된 행동은 조직을 움직이는 매우 효과적인 트리거가 된다.

제일모직 사장 시절의 일이다. 당시 산하에 전자재료 사업 중 하나로 편광필름이 있었다. 사장으로 부임하고 사업을 파악해 보니 문제가 하나둘이 아니었다. 당연히 수익도 높지 않았다. 직원들과 회의하며 방법을 찾아나갔다. 가장 근본적인 원인은 품질이었다. 직원들을 모아놓고 "품질 개선을 위해 최선을 다해 보자."라고 이야기했다.

다음 정례회의가 열렸다. 월간 실적이 나왔는데 사상 최대의 적자가 나왔다. 직원들 사이에 동요가 일었다. 훗날 들으니 실적에 대한 불호령이 떨어질까, 손익 분기를 맞추는 방안을 내놓으라 닦달하지는 않을까 걱정하며 회의에 들어왔다고 한다. 그런데 정작 회의에 참석한 나는 실적 내용을 모르고 있었다. 그래서 회의 내내 평상시처럼 "품질 개선이 왜 안 되느냐?"라며 품질 이야기만 했다. 그러자 직원들 사이에서 "이번 사장은 정말 품질을 우선하나 보다." 하는 이야기가 퍼지기 시작했다는 것이다. 이전에는 품질을 중시하다가도 적자가 심해지면 매출을 늘려 손익을 맞추라고 하는 경우가 있었다. 그런데 이번에는 그렇지 않았던 것이다. 그제야 직원들은 사장이 정말 품질을 중요시한다고 믿기 시작했고 최우선으로 품질을 챙기기 시작했다.

물론 품질이 단기간에 급상승하지는 않았다. 그러나 확실히 조직의 분위기는 바뀌었다. 사장이 중요시하는 품질을 모두가 중요시하게 됐고 합심해서 문제를 해결하게 됐다. 문제가 하나둘씩 해결되자 품질이 좋아지기 시작했고 실적도 나아졌다. 초임 사장이었던 나로서는 '일관된 행동과 메시지'의 효력을 톡톡히 경험하게 됐다.

독려하고 기다리는 게 리더십이다

리더에게 필요한 것은 직원들의 신뢰지만 먼저 줌으로써 얻어지는 것이기도 하다. 기브 앤드 테이크Give and Take 원칙이 그대로 적용된다. 리더가 직원을 신뢰하면 직원도 리더를 신뢰한다.

그러나 현장에서는 "믿기가 어려운데 어떻게 믿으라 하십니까?"라는 볼멘소리가 들리기도 한다. 중간관리자로서 믿을 수 없는 직원에게 일을 맡기며 팀을 진두지휘하는 것은 매우 힘들고 어려운 일이다. 그럼에도 인재 채용의 기본 정신은 "의심이 가거든 고용하지 말고疑人不用 채용했으면 의심하지 마라用人不疑."라는 것을 기억해야 한다. 이병철 선대 회장 역시 "의심하면서 사람을 부리면 그 사람의 장점을 살릴 수 없다."라는 말을 남겼다. '의인불용 용인불의'는 지금도 삼성의 인재관으로 통하고 있다.

힘든 상황에서 '믿음을 지속하는 것'은 어렵지만 보람 있는 일이다. 사업부장 시절 호되게 배운 후 믿는 것과 기다리는 것의 힘겨움을 지금까지 기억하고 있다.

나는 LED 사업부를 맡았을 때 신생 사업을 키워보겠다는 의지가 컸다. 그러나 사업 경쟁력을 진단해 보니 중국 공장의 경쟁력이 약했다. 그럼에도 새로 부임한 중국 공장 법인장을 믿고 일을 맡겨보기로 했다. 혁신적이고 추진력도 있어 기대가 컸다.

"생산 면적을 3분의 1로 줄이고 인력도 효율화하겠습니다."

내가 바라던 도전적인 혁신안이 올라왔다. 법인장은 완료 시점을 못 박고 업무를 시작했다. 그런데 일을 시작하고 나니 계획처럼 되지 않았다. 원래 생산 중에 라인을 혁신하는 것은 쉽지 않다. 기존 생산은 그대로 하면서 라인을 비워 새롭게 변경해야 했다. 당장 생산성과 수율이 올라오지 않았다. 아니, 반대로 떨어져도 그럴 수 있다고 생각하고 기다렸다. 그러나 시일이 흘러 법인장이 약속한 완료 시점을 한참 지나고 말았다. 2~3개월을 지켜보는 중에 주변에 말들이 무성하게 자라났다. "애초부터 무리한 혁신이었다." "이대로는 절대 성공할 수 없다." 등 곳곳에서 말이 나왔다. 신경 쓰지 않으려 해도 마음이 무겁고 속이 탔다.

특히 상사에게 보고하러 가는 나의 마음은 천근만근이었다. 내가 법인장을 믿고 기다리는 만큼 상사도 나를 믿고 기다리고 있었다. 얼굴을 뵐 면목이 없었다. 겉으로야 법인장을 강하게 푸시하지 못했지만 속으로는 '이쯤에서 접어야 하는가?' '이 정도라면 내가 직접 가서 상황을 봐야 하는 거 아닌가?' 하고 마음이 갈지자를 타고 달렸다. 이런 내 속을 아는지 모르는지 법인장은 나의 출장을 한사코 막았다. 내가 오면 마음이 약해질 거라는 이유에서였다. 몸은 회사에 마음은 중국에 둔 채 몇 달을 보냈다.

그러다 법인장이 약속한 시각보다 4개월이 더 흘렀을 때 수율이 회복된다는 보고가 날아왔다. 이후 한 달 한 달 상승세를 타더니 반년이 지났을 때 역대 최고 수율을 기록했다. 자타 공인 '혁신 성공'이었다.

이 과정에서 나는 두 가지 어려움을 배웠다. 첫째는 '끝까지 믿는 것'이다. 정말 힘든 일이었다. 둘째는 '끝까지 기다리는 것'이다. 이것 역시 쉽지 않았다. 그러나 법인장은 내게 "누군가 믿고 기다리는 상황에서 막중한 책임감을 내려놓을 수 없었다."라고 이야기했다. 독려하고 기다리는 것이 리더의 역할임을 깨닫게 됐다.

틀린 것을 지적할 때도
매너가 필요하다

거절하는 경험도 중요하다

리더의 다양한 역할 중에 '사양'하고 싶은 것이 있다. 후배의 단점을 지적하고 개선하는 일, 승진에 이름을 올리지 못해 아쉽다고 인사하는 일 등 수도 없다. 그러나 회피하거나 얼버무릴 수는 없다. 대부분의 선배처럼 솔직하게 그리고 유연하게 대처하고자 애를 쓴다.

흔한 예로 회사를 자주 옮기는 후배가 있었다. 몇 개의 중소기업을 거쳐 대기업에 안착하는가 싶었으나 1년을 채우지 못하고 또 사표를 썼다. 잦은 부침에 대해 그는 '회사 탓'을 했다. 나는 "같은 실수가 반복된다면 그때는 나를 돌아봐야 한다."라는 말을 했다. 후배의 얼굴은 밝지 않았다. 그러한 소리를 하는 선배에게도 꽤 큰 애정과 용기가 필요했다는 것을 후배가 알아주기를 바랄 뿐이다.

요즘 주니어들은 "거절당하는 경험도 중요하다."라는 말을 자주 듣는다고 한다. 치열한 경쟁을 하며 수많은 실패와 좌절을 경험하는 과정에서 실수를 반복하지 않고 자신을 발전시킬 방법을 찾으라는 조언이다.

그렇다면 거절을 해야 하는 사람은 어떠해야 할까? 리더로 성장하는 사람에게는 "거절하는 경험도 중요하다."라는 조언이 적절할 것 같다. 직급이 올라갈수록 악역을 감당해야 하는 빈도가 높아진다. 단순한 거절뿐만이 아니다. 잘못에 대한 지적, 합리적이지만 냉정한 고과 평가, 팀원 선발 시 낙오자 선별 등 어렵지만 꼭 필요한 것들을 해야 한다. 직급이 올라갈수록 비겁하지 않게 악역을 담당하는 스킬도 키워야 한다.

나는 통상적으로 성격이 급하다는 평가를 듣는 편이라 후배에게 쓴소리해야 할 때는 나만의 원칙을 지킨다. 그중 가장 중요한 것은 큰 사안일수록 시간을 들인다는 것이다. 후배의 실책이 커서 할 말이 많을 때는 하룻밤을 삭이는 때도 있다. 사실을 적시하되 상대가 무안하지 않도록 해야 한다. 흥분을 가라앉히고 마음을 단속해야 실수를 줄일 수 있다.

공평이 아니라 공정이 나와 조직을 키운다

'평가'는 리더의 고유한 책무다. 공평이 아니라 공정을 근거로 해야 한다. 돌아보면 '공정'이 요즘만큼 중요한 가치가 된 적이 또 있었던가 싶다. 우리 때는 공정보다 '공평'이 우선했다. 1990년대만 해도 승격에 대한 원리와 원칙이 지금만큼 확실하지 않았다. 승격을 앞둔 선임자에게는 좋은 고과를 주고 신참에게는 평균 고과를 주는 식으로 정리하곤 했다. '어차피 누구나 선임자가 되면 승진을 할 테니 괜찮다.'는 인식으로 '공평하게' 고과를 나눠 주었다.

그러나 시대가 변했다. 경쟁이 치열해지는 만큼 공정이 강조되고 있다. 조직에서도 어느 때보다 공정에 주의를 기울인다. 나 역시 초임 리더 시절 "왜 공평해야 하느냐?"라며 이의를 제기하는 직원을 만났다. 그의 이야기가 틀린 말이 아니었기에 상황을 제대로 풀고자 애를 써야 했다.

먼저 '왜 공정한 평가가 중요한가?'라는 의문을 품고 답을 찾아보았다. "왜 조직에서 고과 평가를 하는가?"와 맥을 같이하는 질문이었다. 경영학의 아버지 피터 드러커는 "평가만이 사람을 움직인다."라고 했다. 평가는 실제 조직원과 조직에 미치는 영향이 지대하다. 조직원 개인에게 평가를 통한 '인정'은 의욕과 사기를 북돋운다. 상대적으로 낮은 고과를 받은 경우는 분발의 계기로 삼을 수 있다. 또한 조직에서 합리적인 평가는 인사로 이어진다. 적재적소에 배치된 인재는 조직의 성장을 이끄는 원동력이자 지렛대가 된다. 반대로 평가가 공정하지 않아 인사가 제대로 이루어지지 않는다면 사람도 조직도 제대로 움직일 수 없을 것이다.

현실적으로 조직에서 주는 보상체계는 크게 금전적 보상과 승진이 있다. 원칙적으로 금전적 보상은 성과가 좋은 사람에게 주어진다. 그의 공로를 인정해 주는 것이다. 승진은 능력이 좋은 사람에게 주어진다. 좀 더 큰 조직에서 역량을 발휘할 기회를 주는 것이다. 보통의 경우 능력이 좋은 사람이 성과도 좋다. 그러나 리더가 조직원을 평가할 때는 보다 면밀한 주의를 기울여야 한다. 성과가 좋은 것인지, 능력이 좋은 것인지, 둘 다 좋은 것인지 구분해야 한다. 리더의 평가에 모두 수긍하고 조직의 미래에도 긍정적 영향을 미쳤다면 최선을 다했다고 말할 수 있을 것이다.

공감하고 인정하고 지혜를 나누라

'커뮤니케이션 스킬'은 갈고닦는 만큼 좋아진다. 기회가 된다면 전문가의 코칭을 받아보는 것도 좋다. 내가 본격적으로 전문가의 코칭을 받기 시작한 건 CEO 후보군이 되고부터다. 경영자 코치가 되기 위해 직접 교육을 이수하면서 전문지식도 많이 알게 됐다. 상당수는 '조금 일찍 알았더라면 초급 간부 시절부터 잘 활용할 수 있었을 텐데.'라는 아쉬움이 남을 정도로 유용했다.

가장 좋은 팁은 '공감하고 인정하고 지혜를 나누라.'는 것이다. 과거에는 개선이 필요한 부분이 있으면 다이렉트로 지적하고 개선 방법까지 알려주었다면 요즘은 대화를 통해 스스로 바꿔나가도록 돕는 것이 원칙이다. 한번은 직원들과 마찰이 잦은 초급 간부를 만나 이야기를 나눈 적이 있다. 이전 같으면 "왜 직원들과 부딪치고 그러는가? 당신보다 조직에 오래 있을 사람들인데 좀 너그럽게 대해 봐라!"라고 했을 테지만 코칭을 받은 후 대화법을 달리했다.

우선 초급 간부와 대화를 시작하며 내가 경험했던 것들을 털어놓았다. 일은 많고 후배 직원들은 잘 따라주지 않으면 어려움이 상당하다. 그 속앓이를 공감해 주었다. 그러자 초급 간부도 자신이 겪는 어려움들을 털어놓았다. 직원들은 각자 맡은 바 일을 하지만 자신의 성에는 차지 않는다고 했다.

"다들 저를 못된 상사라고 하죠. 그런데 그들이 해놓은 일을 보면 화를 안 낼 수가 없습니다. 자기들이 일을 못해서라는 생각은 안 하니 답답합니다. 제가 언제까지 뒤를 봐줄 수도 없지 않습니까?" 이야기를 듣고서 "나도 초급 간부 시절에 그랬습니다. 그 마음 충분히 이해가 갑니다."라며 맞장구를 쳤다. "그럼 어떻게 해야 직원들이 좀 나아질까요?"라고 물어보았다. 그는 상사가 자기를 좀 알아주면 일할 때 더 힘이 나더라고 했다. "저도 직원들이 일하는 것들을 좀 알아줘야겠네요. 한번 시도해 보고 다음에 또 말씀드리겠습니다."

그는 인사를 하고 총총히 자신의 자리로 돌아갔다. 이후 직원들과의 마찰이 드라마틱하게 사라진 것은 아니었다. 그러나 추세 상승의 분위기로 관계가 호전됐다는 이야기를 들었다.

공감하고 인정하고 지혜를 나누면 대화가 훨씬 부드러워진다. 듣는 사람도 '나를 걱정해서 하는 이야기구나.'라고 이해한다. 혹자는 "조직의 바쁜 일상에서 이런 접근이 가능한가?"라며 반문하기도 한다. 그러나 '쓴소리'를 하는 이유가 무엇인가? 직원을 지적하고 혼내고 창피를 주려는 것이 아니다. 마음과 행동을 변화시키기 위해서다. 리더가 먼저 시간과 공을 들여야 한다.

솔직하되 과하지 않게 소통하라

리더가 맡은 악역 중에 '퇴사 통보'만큼 어려운 것은 없을 것이다. 오랜 시간 동고동락한 직원을 내보내야 하는 상황에서 멘탈이 흔들리는 것은 당연하다. 솔직히 직급이 높을수록 어려움은 더 커진다. 최대한 스스로의 감정을 잘 다스리고 상대를 잘 헤아려야 한다. 합리적인 기준으로 대상자를 선별하고 솔직하고 정확하게 대화를 진행하는 것이 최선이다.

대상자 선별은 조직 전체를 위한 선택이어야 한다. 오랜 시간 동고동락해 보면 직원들의 능력과 자질이 어느 정도 눈에 들어온다. 이를 바탕으로 기준에 맞춰 평가하고 명단을 추린다. 중요한 것은 대상자 선별이 리더 개인의 일이 아니라는 것이다. 조직의 일을 리더가 위임받은 것이다. 조직의 우선순위와 평가 기준에 맞춰서 판단해야 한다. 퇴직 대상자들의 명단을 정리하고 개별 면담을 진행할 때는 진심을 담아 솔직하게 대화하는 것이 좋다.

사실 이 일은 초급 간부 시절부터 지금까지 내게 가장 어려운 일 중 하나다. 경영자가 되고서는 미안한 마음이 더 커졌다.

'회사의 책임자로서 성장을 이끌고 성과를 만들었다면 인재를 활용할 기회가 더 많았을 텐데……'

책임감도 많이 느꼈다. 게다가 개개인을 놓고 보면 대부분 열심히 일하며 그 자리에 머문 사람들이고 상대적으로 역량이 부족한 것뿐 이었다. 퇴사 통보가 그간의 업무에 대한 단죄로 받아들여지지 않기를 바랐다. 진심을 담아 최대한 도움이 되는 이야기를 했고 상대의 장점을 헤아려 앞길에 관한 이야기도 해주고자 했다.

"지금을 기준으로 몇 년을 더 회사생활을 할 수도 있겠지만 그때는 나이가 더 많아지고 경쟁력이 약해져서 조직 생활하기가 더 어려워질 것입니다. 조금이라도 이른 시기에 경쟁력이 있는 분야를 찾아 나가는 것도 좋을 것 같습니다." 의외로 이야기를 들은 직원 중에 "확실하게 말해줘서 고맙습니다."라고 대답해 준 이들이 상당히 있었다.

어려운 자리에서 대화는 과하지 않은 것이 좋다. 상대를 돕겠다는 마음으로 '이런 결과가 나오게 된 이유'를 알려 주겠다며 장황하게 설명한다거나 애석한 마음에 "당신은 아무 잘못이 없다."라는 위로를 하는 것은 혼란만 가중시킨다. 궁금해하는 것은 알려 주되 감정이 남지 않도록 합리적인 대화를 하는 것이 좋다.

성공의
관계망을
갖춰라

10장

관계 스트레스를 줄이는 최상의 솔루션을 찾아라

1

사람 때문에 회사를 그만둘 수는 없다

관계 스트레스는 누구에게나 있는 상수常數**다**

내게 회사는 '비전을 좇는 곳'이지 '맞지 않는 사람을 피해야 하는 곳'은 아니었다. '퇴사'를 고민했던 시간은 많지 않았다. 좋은 상사, 동료, 후배와 함께 일할 수 있었던 것이 복이었다. 그래서인지 "사람 때문에 힘들어서 회사를 그만 다니고 싶다."라는 하소연을 들을 때면 적당한 대답을 찾기가 어려웠다.

2020년 3월에 잡코리아가 직장인 502명을 대상으로 한 '첫 이직을 시도한 이유' 설문조사에서 '상사·동료와의 불화(19.5%)'가 4위를 차지했다. 1위는 업무 과다로 인한 개인 생활의 어려움(40.2%), 2위는 낮은 연봉(34.1%), 3위는 회사 미래에 대한 불안(27.7%)이었다. 그런데 한 달 후 「중앙일보」에 '차마 밝힐 수 없었던 퇴사 사유' 설문 결과가 실렸다. 잡코리아와 알바몬이 함께 2,288명을 조사했는데 1위가 '상사·동료와의 갈등'이었다. 대상자 중 사직서에 상사·동료와의 갈등을 밝힌 비중은 34.3%에 그쳤다. 65.7%는 갈등을 경험했지만 회사에는 이를 밝히지 않고 퇴사했다고 답했다. 2위는 조직문화가 맞지 않음(밝히지 않은 비중 62.6%), 3위는 직급·직책에 대한 불만(밝히지 않은 비중 53.8%), 4위는 지켜지지 않는 워라밸(밝히지 않은 비중 52.5%)이었다.

관계 스트레스가 퇴사로까지 이어질 만큼 심각하지만 쉽게 공론화되지 못하는 현실을 확인할 수 있었다. 그렇다면 요즘 주니어들은 '관계 스트레스'를 어떻게 해소하고 있을까? 주니어들에게 물어보니 대답과 함께 '또라이 총량 불변의 법칙'이라는 신조어를 알려주었다. '세상 어디를 가든 일정량의 또라이가 존재한다. 어디를 가든 새로운 또라이를 만나게 된다. 만일 현재 조직에 또라이 수가 현저히 적더라도 또라이 지수가 높으므로 총량에는 차이가 없다. 만약 조직에 또라이가 존재하지 않는다면, 내가 그 또라이다.'

알고 보니 2019년 3월 「문화일보」의 '인터넷 유머'에 실린 기사 내용이었다. 요즘 주니어들에게 쉽게 공감을 얻어 널리 알려졌다고 한다.

내가 만난 많은 주니어가 '견디는 것'이 최상의 방책이라는 답을 주었다.

"이상한 사람은 어느 조직에든 있다고 생각해요. 조직 생활을 하는 이상 관계 스트레스도 받아들일 수밖에 없지요."

어쩐지 씁쓸한 뒷맛이 남는 대답이었다.

상사와 부딪혔던 경험이 없는 직장인은 없을 것이다. 나 역시 주니어 시절 상사를 찾아가 목소리를 높인 적이 있다. 해외 출장을 다녀와서 열심히 보고서를 쓴 후였다. 미국과 한국에서 개발한 두 개의 제품 중 어떤 제품으로 양산할지 결정하는 회의였다. 사장이 주재하는 회의에서 미국 개발자들과 한국 개발자들이 평가 결과를 발표하기로 했다. 나는 1개월간 밤낮 없이 열심히 일해 책 한 권 분량의 비교평가 보고서를 당일 새벽 5시까지 마무리했다. 발표는 상사의 몫이었다. 발표가 잘되길 고대하며 A4 용지 5장 분량의 영어 발표문을 작성해 상사에게 건네주었다.

그런데 발표는 엉망이 되고 말았다. 바쁜 상사가 내용을 제대로 숙지하지 못한 채 발표했고 영어도 '아버지 가방에 들어가신다.'처럼 알아들을 수 없었다. 속이 상한 나는 상사를 찾아가 부하 직원의 노고를 수포로 만든 것에 강하게 항의했다.

나는 상식선에서 부당하다고 생각되는 경우 솔직하게 이야기를 하는 편이었다. 오해를 살 수 있어 자초지종을 설명해야 할 때도 실수를 인정하고 사과를 해야 할 때도 마찬가지였다. 얼굴을 직접 보는 것이 어려울 때는 메일을 썼다.

그러나 직급이 높아지고 조직 생활을 오래 하다 보니 '어쩔 수 없는 상황'이라는 것이 존재한다는 것을 체감하게 됐다. 당황스럽고 수긍하기 어려운 업무를 맡게 될 때가 대표적이다. 급박한 상황에서 일일이 지시의 이유를 물을 수 없다.

초임 부장 시절 마케팅팀에 2개월 정도 배속이 된 적이 있었다. 품질 담당으로 오래 일을 한 후였다. 부서 배치 후 2주도 되지 않았는데 "다음 달 가격전략을 수립하라."라는 지시를 받았다. 어떻게 해야 하는지 전혀 모르는 상태여서 후배에게 업무를 배워 가며 보고서를 작성했다. 뒤이어 해외 세일즈맨 교육을 위한 시황 프레젠테이션을 영어로 준비하라는 지시를 받았다. 패닉 상태에 빠지다시피 했으나 열심히 준비해 1시간짜리 프레젠테이션을 가까스로 마무리했다.

당시는 이러한 업무 지시가 당황스러웠다. 그러나 시일이 지나자 왜 그런 업무 지시가 내려왔는지 납득이 됐다. 직급이 부장이라 신입사원처럼 가르칠 수 없었던 것이다. 새로운 부서에서 새로운 업무를 맡아야 하니 무리한 업무를 맡겨 배우도록 한 것이었다. 일종의 훈련이었던 것이다.

자신만의 갈등 대처 지침을 만들라

나는 이렇듯 크고 작은 갈등을 경험하면서도 '갈등 상황에 대처하는 행동 지침'을 만들었다. 덕분에 관계 스트레스를 많이 받지 않으면서 조직 생활을 할 수 있었다. 갈등 상황에 놓이면 되도록 두 가지 지침 중 하나를 선택해 그대로 실천했다.

첫째는 앞서 소개한 것처럼 솔직하게 이야기하는 것이다. 이 방법은 개인적 성향과도 잘 맞았다. 퇴임 후 경영자 코치가 되기 위해 '갤럽 강점 코칭Gallup Strengths Coaching' 프로그램을 이수했다. 설문조사를 통해 개인의 강점과 특성 기질을 확인하는 과정이 있었다. 설문 결과 나의 강점과 기질은 첫 번째가 '성취'였고 두 번째가 '하모니'였다.

하모니에 대한 설명 중에 '싸움, 소통, 분노, 혹은 비난에 시간, 에너지, 지능을 낭비하지 않는다.'는 부분이 있었는데 정확한 내용이었다. 나는 흔히 이야기하는 '속앓이'를 잘 견디지 못한다. 불화가 일어날 때 마음속에 담아두고 시간을 보내는 것도 잘하지 못했다. 빠른 시간에 해소하려고 노력하다 보니 가장 쉬운 방법으로 대화를 택하는 경우가 많았다. 담백하면서 솔직한 대화는 갈등을 해결하는 좋은 방법이었고 경험상 80~90%의 확률로 관계가 다시 원만해졌다.

둘째는 상대의 입장을 이해하려 시각을 확장하는 것이다. 나는 당황스럽고 다소 부당하다고 생각되는 업무 지시도 일단은 수긍하고 따르는 편이다. 이후에 시간을 두고 '왜 이런 업무가 내려왔는가?' 하고 복기하면 그때는 이해가 되지 않던 부분도 납득할 수 있게 된다.

사회초년생 시절에는 '일부러 나를 괴롭히려는 것인가?' 하고 반감이 든 적도 없지 않았다. 그러나 연차가 쌓이면서 '그때는 내 시야가 좁아서 이해를 못 했던 거구나.'라고 깨닫고 상사의 입장을 이해하게 되는 경우가 많았다. 이런 경험을 통해 당장은 이해하기 어렵더라도 지시를 따르고 이후에 상황이 그렇게 될 수밖에 없던 이유를 찾아보는 것이 갈등을 줄이는 데 효과적이라는 것을 깨달았다.

이 과정은 나를 한 단계 업그레이드하는 데도 도움이 됐다. 상사의 입장을 헤아리기 위해 눈높이를 올리고 그동안 보지 못했던 부분을 보려고 하다 보니 점차 나의 시야도 넓어지게 됐다.

갈등에 매몰되지 말고 자신의 길을 가라

다만 앞서 소개한 두 가지 지침이 만능 솔루션은 아니다. 실제 관계 스트레스를 호소하는 후배들에게 나의 행동 지침을 알려주었으나 어느 것을 선택해야 할지 갈피를 잡지 못하는 경우도 있었다. 특히 "사람 때문에 힘들어서 회사를 그만 다니고 싶다."라고 할 정도로 관계 스트레스가 심각할 때 행동 지침은 크게 도움이 되지 않았다. 이때는 당장 해결책을 고민하기보다 "나쁜 감정에서 벗어나라."라고 조언한다.

오해는 오해를 부르고 부정적인 감정은 부정적인 생각을 키운다. 나쁜 감정에 갇히면 자존감이 낮아지고 조직 생활이 힘들어진다. 한번은 조직원 모두가 자신을 배척한다는 피해의식을 안고 상담을 청한 후배도 있었다. 이렇게 감정에 매몰되는 것은 관계 갈등을 해소하는 데 아무런 도움이 되지 않는다.

나의 경우 심각한 갈등에 빠지거나 큰 어려움을 겪을 때는 일단 그 이슈에서 벗어나려고 했다. 자료를 덮고 휴식을 취하거나 잠을 자는 식으로 관련된 내용을 아예 지워버렸다. 주의를 다른 곳으로 돌리고 물리적 시간적 거리를 두면 흥분이 가라앉으며 차분히 사태를 바라볼 여유가 생겼다. 그 상태에서 다시 사건을 들여다보면 객관적으로 볼 수 있고 해결의 실마리도 찾을 수 있었다.

결론부터 보면 우리가 어려움에 부딪혔을 때 선택할 수 있는 것은 단 두 가지다. 그만두거나 계속하거나. 그만두는 것은 쉬운 일처럼 보이지만 이후를 생각하면 그렇지 않다. 계속한다고 결정할 때는 스스로를 납득시킬 수 있는 논리가 필요하다. 갈등을 해소하거나 최소한 스스로 갈등을 견뎌야 하는 이유를 찾아야 한다.

긍정적인 시각을 유지하는 것은 어느 때나 중요하다. 나 역시 갈등 관계에 놓일 때마다 '이 모든 어렵고 힘든 일들이 훗날 내게 큰 자산이 될 거야.'라며 스스로를 다독이고 상황을 극복하고자 했다. 이런 마음으로 대화를 통해 문제를 해결하고 상대의 입장으로 시야를 확장하다 보면 '계속할 이유'를 찾을 수 있었다.

일도 사람도 조직도 고정된 것은 없다. 부하보다 오래 일하는 상사도 없다. 조직 개편이나 업무 로테이션으로 갈등의 소지가 완전히 사라져 버리는 경우도 있을 수 있다. 내일 당장 숨통이 트이는 반전이 기다리고 있을지 누가 알겠는가! 어찌 됐든 우리는 각자의 길을 가야 한다.

2

진심을 전하는 데도 스킬이 필요하다

역지사지로 바라볼 줄 알아야 한다

인간관계는 쉽지 않다. 배움이 필요하다. 가장 좋은 스승은 '사람'
이다. 특히 관계 속에서 우리는 머리로 배운 것을 마음으로 깨우치게
되는데 그것이 곧 배움이다. 나는 역지사지易地思之라는 말을 좋아한
다. 중학교 한문 시간에 처음 배웠으나 그 뜻을 제대로 깨우친 것은
결혼하고 나서였다. 아내는 좋은 스승이었다.

요즘 같은 스마트폰은 고사하고 핸드폰도 없었던 시절이다. 주
6~7일 근무에 야근도 다반사였다. 회식하면 새벽 2~3시에 집에 가
는 일도 종종 있었다. 잠을 못 자고 기다리다 걱정스러운 말을 건네
며 가방을 받아주던 아내도 점차 한계에 다다랐다. 어느 날은 작심

끝에 잔소리를 쏟아내더니 부부싸움까지 벌이게 됐다. 나는 일하다 늦는 것을 이해해 주지 못하는 아내에게 서운했다.

그러던 와중에 어느 토요일 퇴근 후 오후 5~6시에 집에 도착했다. 초인종을 눌렀는데 아무 기척이 없었다. 낮잠을 자고 있는가 생각하고 5분, 10분을 계속 문을 두드렸으나 아무런 반응이 없었다. 슬슬 걱정이 되고 안 좋은 상상까지 하게 됐다. 불안이 몰려왔다.

30분쯤 지나자 아내가 왔다. 어디 갔는지 묻자 시장에 다녀왔다고 했다. 나는 얼마나 걱정했는지 아느냐고 소리를 질렀다. 그런데 아내는 차분한 어조로 "밝은 대낮에 30분을 기다렸다고 걱정하는데 나는 당신이 새벽 늦게까지 안 들어올 때 얼마나 걱정하겠어요."라고 말하는 것이 아닌가! 순간 아내의 마음이 헤아려지고 한없이 미안한 마음이 들었다.

나는 상대가 내 마음을 몰라줄 때, 인간관계가 뜻대로 풀리지 않을 때 인풋을 먼저 생각했다. 내가 쏟아부은 시간과 에너지가 얼만데 좋은 관계가 만들어지지 않는가 하고 답답해했다. 그러다 어느 순간 깨달은 것은 인풋이 전부가 아니라는 것이다. 풀리지 않는 관계를 풀기 위해 엉킨 실타래를 푸는 노력도 필요하다. 상대의 입장에서 그간 보지 못했던 부분을 새로 보는 노력이 필요하다. 진심을 담은 대화는 그다음에나 가능하다.

잘못을 지적할 때는 일과 사람을 분리하라

인간관계를 보면 '말'로 상처받는 경우가 다반사다. 조직 생활에서도 사소한 말 한마디로 대화가 끊기고 소통이 막히는 경우가 흔하다.

"김 대리 얼굴이 왜 그래? 관리 좀 해라!"

"김 대리 얼굴이 안 좋은데 요즘 일이 많아? 고생하나 보네."

같은 내용도 사용하는 언어에 따라 듣는 이의 감정이 180도 달라진다. 말을 제대로 고르면 진심도 더 잘 전할 수 있다. 그런데 조직 생활을 하다 보면 세심한 주의를 기울이기가 쉽지 않다. 숨 가쁘게 업무를 진행하다 보면 듣는 이의 감정 따위는 신경 쓸 여유가 없다. 이렇게 관계가 망가져 팀워크가 깨지는 경우도 흔하다. 이를 방지하기 위해 그리고 업무 효율을 높이기 위해 적확한 커뮤니케이션 스킬을 익혀야 한다. 일과 사람을 분리하는 화법이 단연 효과적이다.

나는 '조태풍'으로 불릴 만큼 추진력이 강한 상사였고 드라이브를 걸 때는 팀원들에게 심한 말도 많이 했다. 그럼에도 관계 갈등으로 어려움을 겪는 편은 아니었다. 일과 사람을 분리하는 대화법 덕분이라고 생각한다.

일례로 회의할 때 잘못된 부분을 발견했을 때는 담당자에게 야단을 친다. 그러나 다른 주제로 넘어가면 언제 그랬냐는 듯 그 담당자와 일상적인 대화를 이어간다. 일에 대해서는 야단을 치되 사람에 대해서는 감정을 가지지 않기 때문에 상대도 이러한 상황을 받아들인다. 업무를 지적할 때 "너는 이런 일도 제대로 못 하냐?"라는 말은 하지 않는다. "일의 성과가 기대에 미치지 못한다."라고 말한다. 혹여 부하 직원이 감정이 상할 것 같으면 "일에 대해서 지적을 하는 것이지 당신을 부정하는 것이 아니다."라고 설명한다. 덕분에 듣는 사람도 지적 사항을 수긍하고 감정적으로 앙금이 남지 않는다. 정확하게 말하자면, 부하 직원의 마음까지 가늠할 수는 없겠지만 스스로 최대한의 노력을 기울였으니 긍정적인 결과를 기대해 본다.

듣기 실력을 키워 마음을 얻어라

이청득심以聽得心이라는 말이 있다. 귀를 기울인 경청이 사람의 마음을 얻는 최고의 지혜라는 말이다. 조직 생활에서도 경청은 멋지지만 어려운 일이다. 대화해 보면 개인마다 경청을 방해하는 요소들을 가지고 있다. 미리 알면 방해 요소를 줄이면서 경청에 집중할 수 있다. 다음은 흔히 볼 수 있는 경청의 방해 요소들이다.

첫째, 듣고 싶은 대로 듣는 것이다. 흔히 '확증 편향'이라고 한다. 자신의 견해와 주장에 도움이 되는 내용만 듣고 그렇지 않거나 믿고 싶지 않은 내용은 외면한다. 이를 막기 위해서는 귀를 열기 전에 마음부터 열어야 한다.

둘째, 주의가 흐트러지고 집중력이 분산되는 경우다. 한 언어 교육 연구에 따르면 시각 자료를 활용한 교육이 귀로만 하는 교육보다 덜 효과적이라는 연구 결과가 있다. 일반적으로 시각과 청각을 함께 사용하면 주의집중이 잘될 것으로 생각하지만 연구 결과는 그렇지 않다. 낯설고 어려운 이야기일수록 집중이 어려운 것은 당연하다. 경청을 위해 의도적으로 집중할 필요가 있다.

셋째, 섣부른 논쟁과 조언을 시도하려는 마음이다. 이야기를 듣다 보면 나와 다른 상대의 주장을 고쳐 주거나 어려움에 대해 적극적으로 조언하고 싶은 충동을 느낄 때가 있다. 이야기를 끊고 섣불리 나서지 않도록 인내심을 발휘할 필요가 있다.

조직 생활에서 듣기 실력은 필수다. 회의하다 보면 설명하는데 무슨 소리를 하는지 알 수 없는 경우가 있다. 내심 부하 직원이 자신의 의견을 명확히 요약해서 설명하지 못하는 것이 답답하다. 하지만 나는 최대한 집중해서 들으려고 노력한다. 맥락을 파악하고 핵심을 잡으려 한다. 그러다 궁금한 것이 생기면 중간중간 물어보고 마지막에는 내가 제대로 이해했는지 내용을 요약해 문의하는 식으로 확인한다.

회의 시간이 아닌 때에도 듣기 실력을 키우기 위해서는 비슷한 노고가 필요하다. 관심을 기울이고 제대로 듣고 있는지 확인한다. 가끔 예의를 차리거나 격식을 지키기 위해 에두른 표현을 쓰는 경우를 본다. 이해를 더 어렵게 한다. 때로는 직설적으로 요점을 이야기하고 정확한 내용을 전달하는 것이 낫다.

세상 어느 자리든 '말하고 싶은 사람'은 여럿이 있다. 특히 나이가 많아질수록 듣는 것은 싫어하고 말하는 것을 좋아한다. '먼저 듣고 뒤에 말한다.'고 생각하면 더 잘 대화할 수 있다.

3

인정, 칭찬, 솔직함으로 이끌라

올라갈수록 관계의 구심력이 중요하다

심리학의 애착 이론attachment theory에서는 안정된 정서를 유지하기 위해 사람과 사람 사이에 '너무 멀지도 너무 가깝지도 않은 안전한 거리'가 필요하다고 한다. 주니어 시절 사회 생활의 기본을 배울 때도 "너무 가까우면 무례해지기 쉽고 너무 멀면 외로워지므로 일정한 공간을 확보하라."라는 조언을 자주 들었다.

그러나 막상 직장 생활을 하다 보면 '얼마만큼의 거리가 안전하고 어느 정도의 공간이 필요한지' 어렵기만 하다. 인간관계의 구심력과 원심력을 이해하고 밸런스를 찾기까지 상당한 시간이 필요하다.

태양과 지구 사이에 일정한 거리가 유지되고 지구가 일정한 궤도를 돌며 왕성한 생명 활동을 이어가는 것은 태양의 구심력과 지구의 원심력의 밸런스 덕분이다. 인간관계에서도 나와 타인의 구심력과 원심력의 균형을 맞추는 노력을 기울여야 한다. 특히 힘든 일이 생겨 외부적인 원심력이 작용할 때는 이를 극복하는 구심력이 필요하다. 내가 먼저 인정을 베풀고 사람들을 챙기는 것으로 깨어진 밸런스를 다시 회복할 수도 있다. 조직에서는 직급이 올라갈수록 관계의 구심력을 발휘하려고 노력해야 한다.

1997년 IMF 외환위기 때의 일이다. 회사 차원에서 감원 결정이 되어 구조조정을 하게 됐다. 팀의 리더로 감원 명단을 직접 추려야 했고 면담은 물론 통보도 직접 해야 했다. 마무리할 즈음에 '이러고도 내가 조직을 이끌어 갈 자격이 있는가?' 하고 자책을 많이 했다. 고심 끝에 한 달 정도 시일이 지난 뒤 감원된 직원들을 초대했다. 개인 경비로 태안반도 낚시 여행을 예약하고 그 친구들과 1박 2일을 보냈다. 우럭 낚시를 하고 매운탕을 먹으며 많은 이야기를 했다. 지난 앙금을 씻어내는 좋은 계기가 됐다.

사회에서는 내일을 기약할 수 없는 만남이 많이 있지만 '안 보면 그만'이라고 생각하는 것은 옳지 않다. 게다가 우리 마음 한 편에는 개인적 이익을 보겠다는 의도에서가 아니라 좋은 관계와 마무리로 스스로를 '괜찮은 사람'으로 생각하고 싶은 욕구가 있다. 그리고 실제 '좋은 관계'는 힘이 세다. 좋은 관계를 가진 이는 평안한 마음 상태를 유지하고 여유가 있다. 개인의 성취도 좋아져 직장 생활뿐만 아니라 삶도 윤택해진다. 모든 곳에서 '유종의 미'를 강조하는 것도 같은 이유라고 생각한다.

인정과 칭찬이 가장 좋은 선물이다

어느 에세이에서 "합리적인 요구는 훈련이고 불합리한 요구는 단련이라 생각하며 그날들을 견뎠다."라는 글을 본 적이 있다. 저자는 혹독한 주니어 시절을 보냈고 엄격하고 고집 센 선배에 대한 원망이 깊었다. 자신에게 남은 '억울함'을 해소하기 위해 많은 에너지를 쏟아야 했다고 토로했다.

조직 생활에서 관계 스트레스의 상당 부분은 상사로부터 온다. 시간이 지나면 대부분의 주니어가 상사가 되므로 '그때 그래서 그랬구나!'라며 상사의 심정을 이해할 수도 있다. 그러나 당장 후배의 시야는 그런 것을 예견할 만큼 넓지 못하다. 선배는 이러한 후배들을 잘 길러 내야 한다. 선배에게 막중한 책임이 있다.

시니어 시절 "당신보다 오래 현직에 머물 사람들이다. 후배들에게 좋은 사람이 돼라."라는 이야기를 자주 들었다. 나 역시 "선배에게 주는 건 뇌물이지만 후배에게 주는 건 선물"이라며 후배들을 많이 챙겼다. 선배와 후배를 동시에 챙겨야 할 때는 후배가 먼저라고 강조했다.

인정과 칭찬은 후배들에게 주는 가장 좋은 선물이다. 나 역시 "경영자적 자질이 있어 키워보려 했는데 아쉽게 됐다."라는 상사의 말을 기억하고 있다. 상사의 인정과 칭찬이 후배들의 성장에 매우 큰 영향을 미친다는 사실은 자명하다.

인정과 칭찬은 긍정적인 관계를 만드는 자원이기도 하다. 후배의 잠재력과 가능성을 짚어주고 그것들을 실현하기 위해 어떤 노력이 필요한지도 일러주면 대부분의 후배들이 고마워했다. 오랫동안 좋은 관계를 유지할 수 있었다.

신뢰가 최상의 팀워크를 만든다

좋은 관계는 좋은 팀워크로 나타난다. 역으로 좋은 팀워크를 위해서는 좋은 관계가 필요하다. 좋은 관계의 초석은 '신뢰'다. 선배가 먼저 신뢰를 얻기 위해 솔직한 모습을 보여야 한다.

얼마 전 회식을 마친 주니어가 블로그에 올린 글을 보며 '솔직함의 위력'을 다시 확인한 일이 있었다. 장기간의 코로나19로 회식이 사라져서 직장 생활이 편해졌다고 밝힌 주니어는 승진과 전보 때문에 모인 회식 자리에서 상사가 보여준 의외의 솔직함에 큰 위로를 받았다고 한다.

"그 정도 자리에 올라가면 본인 자랑이 넘치고도 남을 텐데 직장 업무나 가정생활에서 부족했던 점을 있는 그대로 이야기해 주며 같은 실수를 반복하지 말라는 말씀이 마음에 와닿았다. 인간적으로 존경할 만한 선배를 뵈었다고 생각했고 나도 사람 냄새 나는 선배가 되고 싶어졌다."

직장 생활뿐만 아니라 개인적인 관계도 마찬가지다. 부족함을 인정하고 따뜻한 말을 건넬 수 있는 진솔함은 타인에게 큰 위로가 되고 솔직한 당사자의 평판을 새롭게 한다. 부족하다는 평가를 받을까 하는 두려움은 내려놓아도 된다. 보통의 조직은 후배가 선배의 능력을 신뢰하고 선배의 지시를 따른다. 간혹 선배의 능력이 특정 부분에서 후배들의 기대에 미치지 못하는 경우도 있다. 이때 선배는 부족함을 인정하고 팀원들의 이해를 구해야 한다. 이러한 태도는 신뢰를 주며 굳건한 팀워크를 가능하게 한다.

경영자가 되면 임원들보다 모르는 것이 더 많을 때가 있다. 그러나 전문지식이 없다고 해서 경영자로서 능력이 없다고 말할 수는 없다. 통찰력, 리더십, 위임 등도 경영자의 주요한 실력이다. 이러한 부분에서 실력을 드러내며 경영자로서 권위를 지킬 수 있다. 팀장도 마찬가지다. 팀원들보다 부족한 부분이 있다고 해서 팀장으로서 권위가 사라지는 것이 아니다. 부족한 부분은 인정하고 도움을 받고 나머지 분야에서 유능함을 발휘해 팀을 이끌어 갈 수 있다. 언제든 자신감을 잃지 말아야 한다. 그래야 솔직할 수 있다.

11장

아름답게 조직을 떠나라

1

누구나 떠나야 할 순간이 있다

다시 비상할 날이 반드시 온다

2022년 9월 잡코리아가 직장인 2,400명을 대상으로 '이직 경험과 만족도' 조사를 해서 발표했다. 전체의 89.5%가 1회 이상 이직경험을 이야기했고 전체 평균 이직 횟수는 3.4회로 나타났다. 평균적으로 4곳의 조직에서 직장 생활을 한 셈이다. 세대별로는 20대 2.1회, 30대 3.2회, 40대 4.2회로 차이가 났다. 젊은 세대일수록 앞으로 이직 경험을 더 많이 하게 되리라 쉽게 예상할 수 있다.

나의 주니어 시절 '퇴사'는 동료들과 이야기하기에 너무 무거운 주제였다. SNS가 발달하기 전이라 고민을 나눌 곳도 많지 않았다. 조직문화가 유연해지고 개방되면서 퇴사에 대해서도 다양한 이야기를 나눌 공간이 많아졌다. 실제 자유로워진 이직을 경험하고 일생에 걸쳐 몇 번이나 업을 바꾼 이야기를 공유하는 사람들도 여럿 만났다. 아예 조직에 구애받지 말고 '직장인'이 아니라 '직업인'으로 자기 정체성을 만들라는 충고도 종종 듣는다. 그러나 평범한 개인의 삶에서 '몸담던 조직을 떠나는 것'은 여전히 가볍지 않은 이벤트다. 퇴사를 결심할 때나 실행할 때 고심거리가 한가득하다. 인생의 한 장을 덮고 다음 장으로 넘어가는 중대한 시기를 허투루 보내고 싶은 이는 없다.

지금껏 내가 만난 사람들이 바라는 퇴사는 '박수 칠 때 떠나기'였다. 최고의 자리에서 멋진 뒷모습을 보여주고 싶다고 말했다. 그러나 현실에서는 그렇지 못한 경우가 더 많았다. 기대했던 조직 생활과 달라 고민 끝에 조직을 떠나기로 마음먹는 경우가 가장 흔했다. 앞의 조사에서는 이직 결심의 주된 이유로 연봉 인상(39.1%), 개인 역량 향상(34.4%), 비전과 사업 방향 불일치(28.5%), 조직 운영 시스템에 대한 불만(26.1%)이 주요 이유로 꼽혔다.

그나마 스스로 이직을 결심한 경우는 나았다. 구조조정에 의한 권고사직의 대상이 되거나 기획하던 프로젝트가 성공하지 못해 책임을 지고 짐을 싸는 경우도 적지 않다. 단순히 회사를 떠나는 것이 아니라 처절한 실패와 대면하며 힘든 시간을 보내야 하는 이들도 있다.

나는 퇴사를 '하늘을 날던 비행기가 땅으로 내려오는 과정'과 비교해 본다. 운항을 마친 비행기는 반드시 땅으로 내려와야 한다. 그러나 비행기가 땅으로 내려오는 방법에는 착륙만 있는 것이 아니다.

누구도 원치 않는 추락도 있다. 자칫 잘못하면 모든 것이 일시에 부서져 아무것도 남지 않는다.

"어쩌면 지금은 힘든 시간일 수 있다. 그러나 다시 하늘로 날아오를 날이 반드시 온다. 그날을 위해 일단은 유려하고 안전한 착륙을 준비해야 한다. 빈 연료통을 채우고 기체를 정비할 시간을 계획해 보라."

추락의 위험을 최소화하고 안전한 착륙을 위해 무엇을 해야 하는가? 퇴사를 경험했던 나와 동료 그리고 후배들이 함께했던 고민을 정리해 본다.

현실주의자와 패배주의자를 구분하라

현역으로 활발히 일하던 시절 "이제 그만해도 되겠다."라며 퇴사 결심을 밝힌 후배가 있었다. 속으로는 "아직 창창한 나이에 그만하는 게 어디 있나? 더 앞으로 가야지!"라며 채근하는 말이 먼저 떠올랐다. 그러나 후배의 얼굴을 보니 적절한 말인지 확신이 서지 않았다. 먼저 후배에게 그런 생각을 하게 된 이유를 물었다.

"할 만큼 해보았으니 그만두어도 괜찮을 것 같습니다."

담담한 후배의 말에 뱉고 싶은 말을 삼키고 고개를 끄덕여 보였다.

선배로서 걱정했던 것은 후배가 "더 이상 해도 안 되니 저는 손을 떼겠습니다."라며 패배주의자의 모습을 보일까 하는 것이었다. 종종 "열심히 해도 어차피 되지 않을 일이니 그만하겠습니다."라고 말하는 후배들도 있었다. 이런 생각에 사로잡힌 이들을 다시 일으켜 세우기란 여간 힘든 일이 아니다. 애정과 관심을 가졌던 후배에게서 이런 말을 들을 때는 배신감을 느끼기도 한다. "나도 포기하면 편해. 하지 마!"라고 말하고 싶을 때도 있었다.

그러나 그날 후배가 전한 이야기는 내 기준에서는 '현실주의자의 선택'이었다. 후배는 최선을 다했고 냉정하게 현실을 직시했다고 했다. 실제 몇 년간 조직에 적응하고 성과를 만들고자 애를 썼으나 결국 자신의 적성과 흥미와는 맞지 않다고 판단했다는 것이다. 퇴사를 선택한 후배는 완전히 다른 전공으로 유학을 가고 싶어서 가족들과도 상의를 마쳤다고 했다. 며칠 후 나는 후배의 아내에게 편지를 썼다. 후배의 선택에 대한 개인적 아쉬움을 이야기하고 가족들을 잘 챙겨주기를 당부했다. 유학 생활의 안녕을 기원한다는 말도 적었다.

'지금의 일을 그만두는 것이 합당한가?'를 고민할 때 "이 결정이 패배주의자의 선택인지, 현실주의자의 선택인지 자문해 보라."라고 조언한다. 답은 자신이 알고 있다. 조직에서 최선을 다했고 그래서 미련이 없다면 자신과 조직의 발전을 위해서 퇴사를 선택하는 것도 용기 있는 선택이다. 그러한 퇴사라면 충분한 지지와 응원이 아깝지 않다.

반성과 성찰을 위한 후회를 하라

다니엘 핑크Daniel H. Pink는 세계적 미래학자 중 한 명이다. 그간 『새로운 미래가 온다』 『드라이브』 『파는 것이 인간이다』 같은 미래 관련

책을 출간했다. 그런데 2022년 9월 『후회의 재발견』이라는 다소 엉뚱한 자기계발서를 내놓았다. 평소 "후회는 하지 말자."라는 신념을 지켜왔던 나로서는 상당한 흥미가 생기는 제목이었다.

다니엘 핑크가 설명한 '후회'란 이런 것이다. '노련한 시간 여행자이자 숙련된 이야기꾼'인 인간이 과거의 일들을 반추하며 '그러한 선택을 하지 않았더라면?'이라는 가정을 통해 더 나은 선택을 상상하는 것!

그런데 다니엘 핑크는 "그러한 후회가 우리를 인간으로 만들 뿐만 아니라 더 나은 사람으로 만든다."라고 주장했다. 그리고 후회를 통해 실수를 저지를 가능성이 줄어들고 더 나은 선택을 한다는 연구 결과도 덧붙였다. 후회가 '하지 말아야 할 것'이 아니라 '유용한 감정과 자세'라는 것이다.

이쯤에서 나는 다니엘 핑크와 내 생각이 크게 다르지 않다는 것을 알아챘다. 내가 "후회는 하지 말자."라고 생각했던 것 역시 실수를 줄이고 더 나은 선택을 하기 위함이었다. 내가 생각하는 후회는 '미련'이라는 감정과 닮은꼴이다. 지금의 상황에 만족하지 못한 많은 사람이 과거를 회상하면서 '그때 그런 선택을 하지 말걸.'이라고 생각한다. 자신이 한 선택을 두고도 '그 선택을 앞으로도 계속 유지해야 하는가?' 하고 고민한다. 내가 보기에 이것은 '미련'이다. 떨쳐 버리지 못한 미련은 우리를 과거 속에 가둔다. 현재의 귀한 시간이 허비된다. 시간을 되돌려 같은 결정을 할 것인가 말 것인가를 두고 고민만 해서는 결코 미래로 나아갈 수 없다.

다니엘 핑크가 이야기한 후회 역시 미련과는 다르다. '반성'과 '성찰'이 동반되기 때문이다. 반성이란 과거에 자신이 무엇을 잘못했는지 직시하는 것이다. 반성하는 사람은 성찰을 통해 앞으로 같은 잘못을 반복하지 않겠다고 결심하고 실천해 나간다. 그 자체로 삶을 변화시키는 원동력이 된다.

퇴사할 때 대부분의 조직원이 '후회'를 경험한다. '애초에 이곳으로 오지 말았어야 했다.' '더 좋은 조건이 분명히 있었는데…….' '그때 프로젝트를 완수했더라면 퇴사까지는 하지 않았을 것을.' 후회는 해도 되고 안 해도 된다. 다만 미련에는 머물지 말자. 지금 할 수 있는 최선의 질문은 '더 나은 직장 생활을 위해 무엇을 해야 할까?'다. 후회의 긍정적인 효과를 경험하기에 최적의 때가 아닌가 싶다.

2

무례한 퇴사는 직무유기다

모든 경험을 자산으로 삼아라

"노동은 형벌이 아니며 회사는 감옥이 아니다. 따라서 퇴사는 탈출구가 될 수 없다."

스타트업을 하는 40대 대표에게 들은 말이다. 이야기의 시작은 '우리나라 근로자의 평균 퇴직 연령이 49.3세'라는 뉴스를 접한 후였다.

2022년 미래에셋투자와 연금센터에서 최근 10년간 우리나라 근로자의 은퇴와 퇴직 동향을 분석해 평균 퇴직 연령이 49.3세라는 보고서를 냈다. 법정 정년인 60세에 한참 미치지 못한 결과였다. 가장 큰 원인은 '정년퇴직'을 맞은 비중이 아주 적다는 데 있었다. 근로자

10명 중 1명(9.6%)만이 정년까지 일을 할 수 있었다. 권고사직이나 명예퇴직 및 정리해고(15.6%), 사업 부진과 조업 중단(16.0%), 직장의 휴·폐업(9.7%) 등 비자발적 조기퇴직이 41.3%에 달했다.

경제협력개발기구OECD에 따르면 한국의 '실질 은퇴 연령'은 72.3세로 38개 국가 중 1위이고 초고령 사회인 일본의 70.8세보다 높다. 은퇴와 퇴직 후에도 상당 기간을 노동 현장에 남아 있는 아이러니가 일어난다.

뉴스를 접한 많은 사람이 퇴직 후 경제생활을 걱정했다. "경제적 안정이 가장 중요하다."라며 젊었을 때부터 노후 자금을 준비해야 한다고 목소리를 높였다. 비자발적 퇴사를 걱정하는 이들은 "재취업에 성공할 수 있도록 자신만의 능력을 키워야 한다."라고도 했다.

그런데 미국에서 석박사를 마친 이 40대 스타트업 대표는 "이제 우리도 정년 없이 평생 일한다고 생각하는 것이 옳다."라는 주장을 펼쳤다. 그는 선진국일수록 시니어 노동자들이 많다며 노동이 경제적 안정은 물론 삶의 의미를 준다고 강조했다.

'과연 퇴사는 탈출구가 아닐까?'

내가 적지 않은 나이에 퇴사하고 느낀 첫 감정은 '상상과 현실은 매우 다르다.'는 것이었다. 내 고민 중 가장 큰 것은 남는 시간이 주는 무료함을 해결하면서 보람을 느낄 수 있는 일을 찾는 것이었다. 큰 망설임 없이 '경영자 코치'라는 제2의 커리어를 준비하게 된 것도 그 애로사항을 해결하기 위해서였다.

제2의 커리어를 준비할 때 30여 년 조직 생활이 남긴 자산을 점검해 보았다. '현직에서의 경험'은 자타가 인정하는 가장 가치 있는 자산이었다. 경영자 코치에게 경영자였던 경험만큼 값진 것이 어디 있겠는가? 이러한 생각은 나만의 생각은 아니었다. 비슷한 나이에 물류 관련 스타트업을 시작한 지인도 나의 의견에 쉽게 동의했다. "비교해 보면 지금이 더 좋다. 젊었을 때보다 훨씬 수월하게 업무를 할 수 있어 실버 창업은 장점이 많다."라며 경험과 경륜이 헛되지 않다고 강조했다.

정리해 보면 49.3세의 퇴사는 '마라톤의 중간 지점'일 가능성이 크다. 역순을 해보면 주니어 시절의 이직은 긴 마라톤 코스 중 5킬로미터, 10킬로미터 등 지점을 알리는 이정표로 생각해 볼 수 있다. 우리는 경제적 이유에서든 무료함을 해결하기 위해서든 머리에 서리가 앉을 때까지 일하며 살게 돼 있다. 이왕이면 모든 경험이 삶의 자산이 되고 경륜이 되도록 해야 한다.

무조건 책상부터 비우지 마라

"이깟 회사 그만둘까 봐!"

까마득한 후배는 쉽게 퇴사를 이야기하는 동료가 같이 일하기 싫은 사람 중 한 명이라고 했다. 습관적으로 퇴사를 입 밖으로 내뱉는 동료를 보면 잠깐이지만 내가 일하는 공간과 나의 일이 하찮게 느껴진다는 것이다.

"5년만 다니다 그만둘 거예요."

입버릇처럼 퇴사를 예고하는 동료도 이제는 그만 보고 싶다고 했다. 비록 '말뿐인 퇴사'지만 퇴사를 예고하는 이와 대화를 나누다 보면 미련 없이 떠나고 싶은 조직에 남아 있는 자신이 처량해지기 때문이다. 이처럼 대부분의 직원은 퇴사를 가볍게 그리고 습관적으로 이야기하는 동료를 좋아하지 않는다. 그리고 말의 습관을 통해 그들의 됨됨이를 평가한다.

퇴사를 고민하는 후배들이 조언을 구할 때 "퇴사에 대해 가볍게 말하지 말라."라는 이야기를 가장 먼저 한다. 함께 고민을 나누거나 조언을 구하는 과정은 당연하다. 하지만 가벼운 입놀림은 동료를 실망시키고 스스로의 격을 떨어트리는 행위로밖에 비치지 않는다. 이어서 하는 조언은 "최대한 예의를 갖추라."라는 것이다. 퇴사를 결정하고 회사에 통보하고 인수인계하는 과정은 꼭 필요한 일이다. 하지만 형식적인 부분도 없지 않다. 이 과정에서 감정이나 행동에서 최대한 예의를 갖추기를 권한다.

지금껏 보아온 바로 절반 이상의 퇴사자는 회사와 조직에 대한 불만으로 퇴사를 결심한다. 상사와 조직에 대한 불만을 거친 언사로 토로하고 악담을 퍼붓고 퇴사하는 이들도 없지 않다. 그러나 '이러한 정리가 과연 누구에게 도움이 되는가?' 생각해볼 필요가 있다. 세상은 좁고 한 번 만들어진 평판은 쉽게 사라지지 않는다. 무조건 책상부터 비우고 휴가를 떠나 버리는 행동은 하지 말아야 한다.

순서를 지키고 예의를 갖추고 떠나라

개인적으로 '그때 내가 참 무례했구나.'라고 반성하는 에피소드가 있다. 대학교 입학 후 제대로 적응을 못 하던 나를 꾸짖은 교수님에게 "저는 재수하겠습니다."라는 말을 하고 말았다. 실제 반수를 마음먹고 있었으니 거짓말은 아니었다. 그래서 그때는 당돌하지만 솔직한 행동이라고 생각했다. 그러나 지나고 보니 예의 없는 잘못된 행동이었다.

이후 나는 솔직한 것과 무례한 것은 다른 일이라는 생각을 하게 됐고 같은 실수를 반복하지 않고자 노력했다. 젊은 후배들이 당돌한 모습을 보일 때도 되도록 겸손과 절제의 태도를 함께 갖추라고 조언했다. 아이디어와 소신을 밝히는 자리에서는 더더욱 겸손과 절제가 필요하다. 퇴사를 결정하고 통보할 때도 솔직함을 가장한 무례를 범하지 않도록 주의해야 한다. 순서와 예의를 갖춰 '비매너 퇴사자'라는 오명을 쓰는 일은 없도록 해야 한다.

리크루팅 기업 사람인에서 2021년 8월에 2,246개 회사를 대상으로 '비매너 퇴사자 현황' 설문조사를 실시한 결과를 발표한 적이 있다. 공감되는 부분이 있어 요약해 소개한다. 우선 전체 회사 중 86.6%에서 비매너 퇴사자가 있다고 밝혔는데 그 수치는 점점 늘고 있다고 한다.

비매너 퇴사자의 유형을 살펴보면 1위가 갑작스러운 퇴사 통보(34.1%), 2위가 인수인계를 제대로 안 함(18.9%), 3위는 근태 관리와 업무 태도가 불성실해짐(10.6%)이 꼽혔다. 이어서 동료 직원들에게 퇴사와 이직을 권유(9.6%), 회사 기밀과 내부 자료를 유출(7%)이라는 답변이 이어졌다.

반대로 '퇴사 시 지켜줬으면 하는 매너'로는 시간 여유를 두고 이직 사실을 알리는 것, 인수인계를 철저히 해주는 것, 팀원 및 조직 상황을 배려해 퇴사 시기를 조율해 주는 것, 퇴사 직전까지 성실한 근무태도 등을 꼽았다. 진행 중이던 업무를 마무리하고 동료들의 사기를 떨어뜨리는 발언을 삼갈 것도 당부했다.

'비매너 퇴사자의 직급'에 대해서는 사원급(70.4%)이 압도적으로 많았다. 이어서 대리급(18.7%), 과장급(6.7%), 부장급 이상(2.6%), 차장급(1.6%) 순이었다. 개인적으로 이런 결과가 나온 이유에 대해 직급이 올라갈수록 '평판 조회'에 걸릴 확률이 높기 때문이라 생각한다.

실제 조사 대상 기업의 27%가 비매너를 보이며 퇴사한 직원에 대한 평판 조회를 받은 경험이 있다고 답했는데 "말하지 않는다."라는 응답은 6.4%에 불과했다. 간단히 언급하거나(49.2%) 솔직하게 말한다(44.4%)가 압도적으로 많았다. 채용 시 평판 조회를 한 기업 중 절반 이상(51.3%)이 비매너 퇴사자의 행동을 확인한 후 '바로 탈락'을 결정했고 감점시킨다는 답변도 41.3%에 달했다.

회사 입장에서 비매너 퇴사는 엄연히 손해를 끼치는 행동이다. 퇴사자 개인에게도 평판 관리와 이직에 좋지 않은 영향을 미칠 수 있다. 시간적 여유를 두고 퇴사 의사를 밝히고 인수인계를 충실히 하는 기본만 지켜도 좋은 마무리가 될 수 있다.

3
최소한 사람은 남기려 노력하라

다음 만남을 기약하며 먼저 호의를 베풀라

삼성전자 부사장 시절 일본 전자 회사를 인수하는 프로젝트가 진행됐다. 나는 인수추진단장이 돼서 일본 회사의 책임자를 만나러 갔다. 분위기는 그리 좋지 않았다. 일본 회사의 책임자로서는 내가 반가울 리 없었다. 당시 그 회사는 일본의 재계 서열에 오르내리는 굴지의 기업이었다. 담당자도 상당한 위치에 있던 사람으로 삼성이 인수합병을 하는 쪽이니 나를 마치 점령군의 대장쯤으로 생각하는 눈치였다. 그로서는 상당히 자존심이 상했겠다고 짐작할 수 있었다.

나는 최대한 존중하는 자세로 예우를 갖추려 노력했다. 두 회사가 합병하더라도 삼성에서 소위 갑질을 하는 일은 없을 거라고 안심시

켰다. 잘 협력해 보자며 진심 어린 이야기를 했다. 시간이 지나면서 일본 회사의 책임자도 감정이 누그러졌고 자연스럽게 저녁 식사를 하고 술 한잔까지 한 후에 좋은 분위기에서 헤어졌다. 그러나 이후 여러 가지 상황으로 인수 프로젝트가 취소되고 말았다. 일본 기업의 책임자도 다시 볼 일이 없는 상황이었다. 불과 2년여 만에 완전히 바뀐 입장으로 그를 다시 만나게 될 줄 그때는 몰랐다.

이후 나는 제일모직 사장이 됐고 일본 시장 확대를 추진했다. 제일모직의 화학수지 제품은 완제품이 아니라 재료로 완제품을 만드는 회사에 납품해야 했다. 공교롭게도 새로 개척해야 할 주요 구매처가 삼성이 일전에 인수하고자 했던 일본 전자 회사였다. 구매 담당자를 만나서 제품 소개만이라도 했으면 좋으련만 거의 문전박대 수준이었다. 그 회사의 내부 사정을 보고받던 중 눈에 익은 이름을 발견했다. 2년 전에 만났던 바로 그 책임자였다. 그사이 승진해서 총책임자가 돼 있었다.

나는 납품회사의 총책임자에게 연락해 시간을 내줄 수 있느냐고 부탁했다. 그는 회사로 찾아간 나를 환대해 주었다. 구매 담당자에게 "제일모직의 제품을 평가해 보라."라는 지시를 내리고 비즈니스가 성사되도록 챙겨주었다. 나로서는 마음의 빚을 지게 된 만큼 납품 제품에 특별히 많은 공을 들이기도 했다. 그런데 그와의 인연은 여기서 끝이 아니었다.

그 후 삼성SDI 사장이 되고 제일모직 때와 다른 일에 주력하게 됐다. 에너지저장시스템ESS을 생산해 판매하는 일이었다. 일본의 한 회사를 방문해 거래에 관한 구체적인 회의를 진행하기로 했다. 그런데 사장 옆에 고문 자격으로 배석한 이가 예전의 총책임자였다. 얼마 전 전자 회사에서 은퇴하고 그 회사로 스카우트가 된 것이었다. 그는 사장에게 나와의 오랜 인연을 소개하고 좋은 분위기가 되도록 이야기해 주었다. 덕분에 비즈니스가 원만히 진행됐고 일본 진출에 힘을 얻었다.

세상은 참 좁다는데 틀린 말이 아니다. 한 번 맺은 인연이 행운으로 돌아오는 경험이 있는가 하면 불편한 뒤끝 때문에 얼굴이 화끈거린 경험도 있다. 이직과 전직을 자주 했던 후배는 '좁은 세상에 대처하는 자세'로 "다음 만남을 위해 나도 잊어버릴 만큼의 가벼운 호의를 베푼다."라는 팁을 알려주었다. 작은 선물을 남기거나 시간을 내 식사나 차를 대접하는 정도의 가벼운 호의는 내게도 유용한 팁이었다.

능력 있는 사람은 많지만 믿을 만한 사람은 드물다

한 조직에서 오래도록 일했다는 이유로 "사람을 추천해 달라."라는 부탁받을 때가 있다. 누구를 추천하면 좋을지 신중히 생각하는 것도 나름 큰 고민이다.

능력 있는 사람을 추천하는 것이야 당연한 것이지만 능력 하나만으로 추천하기는 망설여진다. 내게 부탁을 한 이들이 기대한 것도 '능력'만은 아니라는 생각에서다. 우선 고려하는 것은 '신뢰'다. 부탁을 한 회사에 가서도 열정을 갖고 책임을 다해 일할 수 있겠다는 믿음이 가는 사람을 꼽아본다. 능력 있는 사람은 많지만 믿을 만한 사람은 그렇게 많지 않다. 손에 꼽은 그 사람을 추천해 주고 어느 날 "그분 우리 회사에서 정말 일을 잘하고 계십니다."라는 인사를 들을 때는 뿌듯함을 말로 다 할 수 없다. 내가 더 고맙다.

'신뢰할 만한 사람이 되는 것'은 참 어려운 일이다. 관계에 연차가 쌓이고 오래 보면 자연스럽게 신뢰가 쌓일 것으로 기대한다. 하지만 개인적으로 이 말에 전적으로 동의할 수는 없다. 한 조직에서 오래 봤다고 '신뢰할 만한 사람'이 되는 것은 아니라는 말이다.

개인적으로 미련하고 둔한 편이다 보니 한 우물을 파는 것을 좋아한다. 가정이나 조직에서 한눈을 파는 것은 생각지 못했다. 맡겨진 일을 하면서 사심을 갖지 않는 것을 철칙으로 여겼다. 옛말에 "끼리끼리 통한다."라고 나도 사심 없는 친구들을 좋아한다.

일에서는 열정과 책임감을 가진 친구들에게 믿음이 갔다. 인간적 신뢰와는 좀 다른 감이 있다. 조직에서는 '어떤 일을 맡겨도 저 친구라면 충분히 제 몫을 해줄 것이다.'라는 믿음이 중요하다. 스스로도 그런 사람이 되고자 했다.

퇴사하면 대부분의 인간관계가 자연스럽게 정리된다. 현명한 이들만이 믿을 만한 사람들을 남기려 노력하고 자신도 누군가에게 믿을 만한 사람으로 남으려 노력한다.

좋은 이별로 사람을 남기는 노력을 하라

경영자 코치 시절 프랜차이즈를 하는 중견기업 대표를 오래 만났다. 어느 사업이나 직원들의 이직은 있게 마련이다. 동종 업계로 이직하는 경우도 있지만 자기 가게를 차려 나가는 직원들도 많았다. 업계가 좁다 보니 돌아서면 경쟁자가 되는 상황이었다. 한번은 직원들의 이직으로 상처받지 않는지 걱정이 돼 물어보았다. 대표의 생각은 달랐다. '아름다운 이별'을 만들자는 철학을 갖고 있었다. 나가는 직원들을 축하해 주고 응원도 해준다고 했다. 역시 잘되는 기업은 달랐다. 오랜 기간 시장에서 굳건히 자리를 지킨 데는 그럴 만한 이유가 있다는 것을 깨달았다.

이런 일을 겪을 때마다 '사람을 남기려 어떤 노력을 하고 있나?' 하고 반성해 본다. 좋아하는 사람들과 연락하는 것은 누구나 하는 일이다. 서먹한 관계에서 먼저 안부를 묻는 것은 용기가 필요하다. 이를 좀 수월하게 하고자 구체적인 액션 플랜을 만들어보기도 했다. 언젠가 선배 임원으로부터 와인 선물을 받았다. 선물을 어떻게 활용할까 고민하다가 '1년이 지난 날 선배와 함께 마시자.'고 결정하고 달력에 기록해 두었다. 고마움을 되돌려주자는 마음에서였다. 이후 와인에 대해 공부도 하고 이야깃거리를 만들었다. 그런 사소한 이벤트가 관계를 확장시키고 풍성하게 만들었다.

삼성을 떠날 때 경영자의 자리에서 물러나며 나를 지원해 주던 스태프들과 여러 관계사 임원들 그리고 지인들에게 고마운 마음이 들었다. 그간 바빠서 챙기지 못했던 많은 사람의 얼굴이 떠올랐고 이참에 인사를 많이 하러 다녔다.

조직을 떠난 OB(올드보이)가 되는 것은 나쁜 것만은 아니다. 의전과 같은 과거의 영광은 없을지라도 간판도 없고 계급장도 없이 편하게 만나 즐겁게 이야기를 할 수 있다. 공통의 관심사가 있던 이들이 이제는 달라진 각자의 자리에서 어떤 일들을 하는지 듣는 것은 흥미롭고 신나는 일이다. 비슷한 나이에 비슷한 연차로 비슷비슷한 고민을 하며 살아가는 사람들이 모이다 보니 좋은 커리어 기회를 소개해 주기도 한다.

그 결에 조직 안에서보다 더 인간적으로 가까워지는 관계들도 생긴다. "악인은 없다. 나쁜 환경만 있을 뿐."이라는 말이 있다. 틀린 말이 아니다. 껄끄러웠던 상대도 조직이라는 환경 안에서 악역을 자처했을 뿐 나쁜 사람은 아니었다는 것을 확인하곤 한다. 공유한 시간을 같이 돌아보며 감정을 털어내고 새로운 관계로 나아가는 것은 산뜻한 경험이다.

주니어들은 이보다는 더 현실적이라 생각한다. 산업이나 사업에는 '업계'라는 것이 있다 보니 한 조직에서 만난 사람들은 언젠가 돌고 돌아 다시 만날 수 있는 사람들이다. 게다가 몸담았던 조직을 나와서도 연락하며 지낼 수 있는 정도라면 꽤 괜찮은 사람들이다. 진심 어린 격려와 조언을 기대할 수 있는 좋은 관계를 남기기 위해 '아름다운 이별'을 실천해 보길 바란다.

5부

[지속성장하기]

끝은
없다

12장

재도전의 기회도 준비된
자에게 온다

1
심장이 두근거릴 때
다시 인생을 설계하라

두려움도 필요에 의해서 만들어진다

두려움의 증상은 다양하다. 숨이 가빠지고 몸이 떨리며 가슴이 답답해진다. 얼굴은 붉게 달아오르고 감각 이상이나 어지러움을 호소하기도 한다. 과한 두려움은 불안을 증가시켜 극심한 스트레스를 느끼게 해 어디로 튈지 모르는 상태로까지 이끈다.

그런데 재미난 것은 두려움도 필요에 의해서 만들어진다는 것이다. 의학 서적을 몇 권만 뒤지면 인간의 두려움이 어디서 왔는지 쉽게 이해할 수 있다. 원시 시대 인간이 가장 큰 두려움을 느꼈을 때는 상위 포식자가 나타난 위험천만한 순간이거나 먹을거리를 사냥하는 순간이었다. 이때 필요한 것은 순발력과 회복력 그리고 과한 흥분이 자아내는 모험심이었다.

얼굴이 빨개질 정도로 두려움이 극대화된 순간 우리의 심장은 빠르게 뛰며 혈액순환을 촉진한다. 산소 농도가 높은 몸은 빠르게 움직일 수 있고 흥분 상태로 인해 용기를 낼 수 있다. 혹여 공격받아 상처가 나더라도 빠른 혈액 공급으로 인해 생명을 잃을 확률이 낮아진다.

같은 맥락에서 인생의 전환기 혹은 재도전의 시기에 두려움을 느끼는 것은 당연한 일이다. 우리의 몸과 마음이 새롭게 '뛸 준비'를 하고 있다는 것을 나타내는 것이다. 마음을 어떻게 먹었는가와 무관하게 우리의 몸이 먼저 반응한다. 위험천만한 순간이 다가올지도 모르므로 잘 달릴 수 있게 체온을 올리고 위기의 순간을 준비한다.

인텔의 전설적 회장인 앤드류 그로브 역시 저서 『편집광만이 살아남는다』에서 "두려움은 승리하기 위한 열정을 만들고 유지시킨다."라고 두려움의 효용을 설명했다. 심장이 두근거리는 데는 다 이유가 있다. 두려움에 압도되기보다 잘 활용해 실행력과 추진력으로 활용하는 법을 익혀야 한다.

재도전일수록 바닥부터 시작한다고 마음먹어라

"청소도 하지 못하는 사람이 신제품을 생산하는 것은 불가능하다."

일본 교토에 있는 일본전산은 1973년 문을 연 소형 정밀 모터 전문 회사다. 세 명이 문을 연 회사를 50여 년 만에 업계 1위로 성장시킨 나가모리 시게노부永守重信는 일본을 대표하는 경영자다. 그런데 나가모리 사장이 강조하는 것은 대단한 경영철학이 아니다. 그저 남들이 허드렛일이라고 하는 일부터 착실히 익히라고 조언한다. 누구보다 청소를 잘하고 신발 정리를 잘하는 일꾼을 조직은 결코 가만 내버려두지 않을 것이기 때문이라는 설명을 덧붙이면서 말이다.

앞서 허드렛일의 중요성에 관해 이야기한 바 있다. 다시 한번 강조하는 이유는 재도전의 시기야말로 두근거리는 심장에 새로운 마음가짐을 불어넣어야 하는 때이기 때문이다. 전과 같은 마음이라면 재도전에서도 결코 성공할 수 없다.

「생활의 달인」 같은 프로그램을 보면 장인匠人이라는 소개가 아깝지 않은 다양한 전문가들이 출연한다. 그런데 달인들의 나이를 확인하고 나면 가끔 의아한 마음이 들기도 한다. 내로라하는 기술을 가진 이들임에도 자막에 명기된 업력業力은 5년에서 10년 정도로 아주 길지는 않다. 소개된 달인의 나이는 50대에서 60대이다. 역산해 보면 달인의 경지에 오른 이들이 그 업을 시작한 나이가 40대에서 50대라는 계산이 나온다. 인생의 재도전에서 지금과 같은 성공을 이룬 것이다.

어떤 연유에서든 결코 이르지 않은 중년의 나이에 새로운 일을 시작해야 했던 달인들은 어떤 마음가짐이었을까? 자존심을 내세우고 콧대를 높이는 모습은 결코 아니었을 거라 생각한다. 자신이 생각하는 나이의 무게도 이전의 경력들도 다 내려놓고 처음부터 시작했을 것이다. 허드렛일이라고 하는 무수한 일들을 해내고 지금의 경지에 도달할 수 있었을 것이다. 그렇지 않고서야 그들이 모두가 인정하는 지금의 능력을 어떻게 갖출 수 있었겠는가?

안타깝게도 우리 사회에는 일의 격을 따지는 풍토가 있다. 허드 렛일은 못난 사람들이나 하는 것으로 생각한다. 잘나가는 사람은 커피 심부름, 복사 업무, 팩스 보내기 따위는 하는 게 아니라고 생각 한다. 그러나 나의 경험에 비추어보면 소위 허드렛일이라고 하는 일들을 완벽히 해내는 직원을 만나는 경우는 매우 드물었다.

"남들도 하기 싫어할 때 그만하고 싶은 생각이 턱까지 올라왔을 때 그래도 하는 것이다. 그게 전부다."

나가모리 사장은 승리의 비결을 간단히 설명한다. 재도전을 준비 하는 이들이라면 나가모리 사장의 말을 한 번 더 새겨야 한다. 다시 바닥부터 시작한다고 마음먹고 새로운 일을 시작해야 한다. 그리고 사소하다고 생각하는 그 일부터 완벽히 해내야 한다.

다시 길게 설계하라

나는 한 조직에서 34년을 머문 후 60세를 앞두고 은퇴했다. 이후 잠시 재충전 시기를 거쳐 현재의 회사로 복귀해 일을 다시 시작했고 벌써 3년여의 시간이 흘렀다.

처음 은퇴를 했을 때는 나도 한 조직에서 대리, 과장, 차장, 부장, 임원을 거쳐 사장까지 했으니 아쉬움도 미련도 없다고 생각했다. 그 러나 시간이 지나면서 그 마음에도 변화가 생겼다.

중요한 계기는 어머니의 소천이었다. 연세가 많아질수록 기력이

쇠약해진 어머니는 요양병원에서 10년 가까운 세월을 보내다 돌아가셨다. 그 모습을 지켜보던 나이 든 아들의 마음에도 '죽음'이라는 단어가 자리를 잡기 시작했다. 어머니의 소천을 전후로 "어떤 죽음을 맞고 싶은가?" 하고 생각하게 됐다. 그리고 남겨진 시간을 헤아려 보았다. 육체적으로 정신적으로 건강을 유지할 수 있는 시간을 넉넉히 따져 보니 30년 정도 됐다. 예상보다 긴 시간이었다. 이 긴 시간을 비생산적인 활동에 쓴다는 것이 내 삶의 방식과는 맞지 않다고 생각하게 됐다. 그렇게 '재도전을 준비하자.'는 각오를 다지게 됐다.

다시 컴퓨터를 켜고 인생 설계를 시작했다. 10년 단위로 잘라서 목표한 바들을 적어 나갔다. 첫 10년은 현역으로 일하는 시기, 다음 10년은 인생을 정리하며 남들을 배려하고 도와주는 시기, 마지막 10년은 마감을 준비하며 삶을 관조하는 시기라고 적었다.

당장 10년 동안 무엇을 하고 살지가 관건이었다. 고민 끝에 오랫동안 마음에 담아둔 '경영자 코치'라는 직업에 직접 도전해 보기로 했다. 1년여 공부하고 실습도 하고 실제 경영자 코치로 활동도 했다. 이후 현재의 회사로 옮기게 됐다. 부회장으로 그룹 내 10여 개가 넘는 계열사 경영을 관장하며 대표이사와 경영진을 대하는 것이 주요 업무다. 경영자 코치로서 배우고 익힌 것들을 요긴하게 써먹고 있다.

나는 인생의 전반전에서 나이가 들고 조직의 상층부로 올라갈수록 '주니어 시절 진지하게 인생 계획을 세웠더라면……' 하는 아쉬움을 크게 느꼈다. 주니어 시절 앞으로 30년을 내다보며 목표를 세우고 준비했더라면 훨씬 더 효과적으로 성공과 성취를 이뤘을 거라는 후회였다. 다행히 후반전의 재도전에서는 이전의 후회를 만회라도 하듯 30년을 계획하고 준비하는 과정을 착실히 거쳤다. 완주까지는 먼 여정이 남아 있지만 중간 평가에서는 후한 점수를 주고 싶다.

새로운 방법을 시도하는 것은 같은 실수를 반복하지 않는 최선의 방법이다. 이전에 하지 못했던 목표와 계획 설계에 적절한 시간을 할애해야 한다. 우리 모두에게는 인생의 종착지까지 결코 짧지 않은 시간이 남아 있다.

2

전 생애에 걸쳐 전문가로 성장하라

전문성을 확장하면 다방면에 경쟁력이 생긴다

누구나 '프로(전문가)'라는 말을 좋아한다. 주니어 시절부터 전문가가 되기 위해 많은 투자를 해야 한다고 후배들에게 잔소리를 했다. 말콤 글래드웰의 1만 시간의 법칙은 목표를 정하고 충분한 훈련을 해서 비전을 달성하라는 가르침의 주요 레퍼런스가 됐다.

"하루 3시간씩 집중했을 때 전문가가 되는 데 10년이 걸린다고 한다. 보통 운동이나 예술 분야 종사자에게는 10년의 훈련 기간이 필요하다고 하는데 그 때문이다. 이 논리를 직장 생활에 직접 적용하는 것은 다소 무리가 있을지도 모르겠다. 그러나 말콤 글래드웰의 이론에 따르면 직장인이 전문가가 되는 데는 5년이면 충분하다. 주5일

직장 생활이면 1년에 2,000시간이 되고 5년이면 1만 시간이 되기 때문이다. 따라서 직장 생활 5년 차가 됐다면 '전문가가 됐는가?' 하는 자기반성의 시간이 필요하다.

만일 직장 생활의 초년생이라면 전문가가 되기 위한 5년의 세월을 단축하려 노력할 필요가 있다. 5년은 결코 짧은 기간이 아니다. 욕심이 있다면 근무 시간이냐 아니냐에 구애받지 말고 자신의 분야에 시간과 에너지를 쏟아야 한다. 다행인 것은 일단 한 분야의 전문가가 되면 새로운 분야를 개척하는 것이 더 쉬워진다. 축적의 힘 덕분에 시간도 단축된다. 그렇게 시간을 줄이면서 전문 분야를 확장하다 보면 다방면에 경쟁력을 갖춘 시니어가 될 수 있다."

인생 2막. 다시 전문가가 되기로 결심한 시기에 후배들에게 했던 잔소리를 그대로 따랐다. 실제 사례로 경영자 코치가 되기로 결심한 내용을 좀 더 자세히 풀어보겠다. 우선 시간과 에너지를 투입할 전문 분야를 찾아야 했다. 당시 여러 가능성을 펼쳐 놓고 '직업 찾기'에 나섰다. 나의 욕심은 경영자로서 전문성을 살릴 수 있는 일, 전문가가 되는 데 시간을 단축할 수 있는 분야를 찾는 것이었다. 가장 적합한 제2의 직업이 '경영자 코치'였다.

개인적으로도 경영자가 된 시기 전후에 전문가 코치로부터 많은 도움을 받았다. 보지 못했던 통찰력을 갖게 해주고 실수를 바로잡을 수 있도록 가이드도 해주었다. 그때 느꼈던 호감이 크게 작용했다. '나도 잘할 수 있지 않을까?' 하는 호기심은 후배들에게도 같은 도움을 전해주고 싶다는 욕심으로 자랐다.

일단 해보기로 결심하고 바로 한국리더십센터의 전문 코치 양성 과정에 등록했다. 삼성 재직 시절 나를 코칭했던 코칭경영원의 고현숙 대표가 많은 도움을 주었다. 다시 회사로 복귀한 지금도 나는 전문 코치 자격을 획득한 것에 보람을 느끼면서 업무에서도 큰 도움을 받고 있다.

나의 경우 하나의 전문 분야를 확장해 경쟁력을 확보해 나갈 수 있었다. 관심 있는 분야, 익숙한 내용에서 전문가가 된다면 시간과 에너지를 절약할 수 있다. 자신에게 확고한 전문 분야가 있다면 연결된 다른 분야를 우선 섭렵해 보는 것을 추천한다.

비전이 늘 새롭게 만든다

『트릴리언 달러 코치Trillion Dollar Coach』라는 책을 추천받은 것은 갤럽 강점코치로 인증을 받을 무렵이었다. 나의 비전을 알게 된 지인이 한번 읽어 보라고 소개를 했다. 그로부터 1년여 뒤에 『빌 캠벨, 실리콘밸리의 위대한 코치』라는 제목으로 국내에도 소개가 됐다. 하지만 당시는 번역본이 없어 아마존에서 영문판을 주문해 읽어 나갔다.

책의 주인공인 빌 캠벨Bill Campbell은 실리콘밸리의 전설적인 경영자 코치다. 그는 풋볼 코치 출신으로 회사를 차려 직접 경영자로도 활약했다. 사실 그의 전성기는 은퇴 이후 경영자들을 대상으로 경영자 코치 활동을 펼친 시기였다.

그에게 도움을 받은 이들 중에는 스티브 잡스, 제프 베이조스, 래

리 페이지 등 유명하고 탁월한 경영자들이 있다. 이들이 경영하는 회사들의 매출을 합친 액수가 1조 달러여서 빌 캠벨에게는 '1조 달러 코치'라는 별명이 생겼다.

나는 빌 캠벨의 이야기에 매료돼 그를 롤모델로 삼기로 했다. 그리고 10년 후 '제2의 전성기'를 누리고 있을 나의 모습을 상상해 보았다. 빌 캠벨은 2016년 긴 암 투병 끝에 75세 나이로 생을 마쳤는데 그의 코칭을 받은 실리콘밸리의 경영자들이 모두 모여 그의 삶을 추모했다. 『빌 캠벨, 실리콘밸리의 위대한 코치』도 그의 삶을 기리기 위해 만든 책이다. 나도 경영자들이 어려운 일을 겪을 때마다 찾을 수 있는 '믿음직한 코치'로 활약하다 의미 있는 마무리를 하고 싶었다. 경영자 코치로 은퇴할 때는 후배 경영자 100명에게서 축하받는 코치가 되고 싶다는 구체적인 비전을 세웠다.

경영자 코치 교육을 마무리하던 시기에 전문성을 키우기 위해 프로젝트를 새로 시작했다. 바로 전작인 『그로쓰』의 초고 작업에 들어간 것이다. 이전에 나는 책을 낸다면 회고록 정도가 되지 않을까 막연하게 생각했다. 그런데 경영자 코치로서 일하겠다고 생각하니 남과 다른 전문성을 확보해야겠다는 생각이 들었다. 뚜렷한 목적의식을 갖고 주변에도 책을 쓰겠다는 계획을 공표했다.

솔직히 원고 작업을 포함한 책의 출간 과정은 생각만큼 쉽지 않았다. 처음에는 후배들과 질의응답을 한 내용이 있으니 이를 뼈대로 삼고 이야기를 조금 덧붙이면 될 줄 알았다. 그러나 한 챕터 한 챕터 정리하다 보니 의외의 구멍들이 많이 보였다. 애초에 이리저리 흩어진 생각들을 하나의 경영관으로 정리하고 논리적으로 풀어간다는 것이 상당히 힘든 일이란 것을 알았어야 했다. 책 작업을 하며 나름 경영 전문가라고 자부했던 마음이 다듬어지면서 겸손한 자세로 바뀌었다. 다행히 막판에는 경영자 코칭 전문가가 되겠다는 각오가 상당한 지구력을 발휘했다. 여러분의 도움을 받고 서두르지 않고 차근차근 순서를 밟아간 덕분에 첫 책을 출간할 수 있었다.

끊임없이 업그레이드할 기회를 찾아라

책을 내고 한동안 바쁜 시간을 보냈다. 대기업, 중소기업, 벤처기업 등을 대상으로 경영자 코칭을 시작했고 출간 후 강연 의뢰도 많았다. 전과 같이 일해볼 욕심에 마음이 더 바빠졌다. 그러나 시간이 지나면서 나의 열기는 점차 식어갈 수밖에 없었다. 전처럼 열정적으로 일하고 싶었으나 상황이 받쳐주지를 못했다.

우리나라에서 경영자 코치를 받는 이들은 대부분 기업의 임원이다. 가장 큰 수요는 대기업에서 발생하는데 체감상 삼성이라는 한 기업이 절반 이상의 수요를 차지하는 듯하다. 그런데 경영자 코치로 첫발을 내디딜 당시 "삼성에서 오는 제의는 받지 않겠다."라고 선언했다. 전적으로 개인적 결정이었다.

삼성에서 근무할 당시 나는 후배들에게 쓴소리, 단소리를 잘하는 선배였다. 제2의 직업을 경영자 코치를 선택할 만큼 후배 경영자에게 애정도 관심도 많았다. 그래서 현역 시절에 밥을 사고 차를 사면서 많은 후배에게 조언과 멘토링을 했다. 그런데 경영자 코치가 되니 같은 일을 돈을 받고 해야 했다. 성격상 선뜻 수락할 용기가 나지 않았다. 고민 끝에 '마음의 부담을 안으면서까지 할 필요는 없다.'는 결론을 내리고 삼성의 제안은 받지 않기로 통보했다.

그런데 문제는 그렇게 수요를 줄여놓으니 설 자리가 너무 좁아진 것이다. 같은 시기 동료 코치들은 일정을 소화하기 힘들다며 앓는 소리를 하는데 내 스케줄은 채워진 시간보다 빈 시간이 더 많았다. 다시 불타기 시작한 열정을 어디다 써야 할지 모를 상황이 되니 답답함이 쌓여갔다. 그즈음 중견기업으로부터 제안이 왔다. 회사와 역할에 관해 설명을 듣고 나의 목마름을 해소할 수 있는 곳이라는 확신이 들었다.

이전에 나는 경영 현장에서 대표이사로서 회사를 경영했다. 그런데 앞으로 내가 해야 하는 역할은 부회장이라는 직책으로 그룹의 10여 개가 넘는 회사들의 경영을 관장하는 자리였다. 한 회사를 경영하는 전략Business Strategy이 아니라 그룹 차원의 전략Corporate Strategy을 짜야 하는 곳이었다. 미래 시대에 걸맞게 그룹의 사업 포트폴리오에 변화와 강화를 더하면서 중견기업을 대기업으로 성장시키기 위해 시스템, 인프라, 조직문화를 정립해야 하는 역할이었다. 현직 때 경험했던 경영자 역할보다 나를 한 단계 업그레이드해야 하는 자리였다. 또한 관계사들의 대표이사에게 경험을 바탕으로 여러 조언도 해야 했다. 나 스스로는 '멘토 경영'이라 이름을 붙이며 관계사 대표이사와 임원들에게 경영자 코칭도 할 수 있으리라 생각했다.

1년여 경영자 코치 생활을 정리하고 2021년 7월 지금의 회사로 첫 출근을 했다. 다시 현역 생활을 하며 이전의 활력을 되찾고 보람을 느끼고 있다.

3
도전의 법칙은 여전히 유효하다

필요한 것은 결국 실력이다

『이 회사 계속 다녀도 괜찮을까』라는 다소 도발적인 책 제목을 쓴 기타노 유이가는 일본의 커리어 전문가다. 스토리텔링 형식으로 성공적인 이직을 위한 가이드를 제시한다.

'하고 싶은 일을 찾느라 방황하지 마라.'는 말이 가장 인상 깊었다. 저자는 직장인을 크게 '일을 중시하는to do형'과 '상태를 중시하는being 형'으로 나누었다.

일을 중시하는 형은 일 자체로 즐거움을 느끼는 사람이다. 자신이 하는 일, 해낸 일에 큰 자부심을 느낀다. 상태를 중시하는 형은 일을 하는 상태에 만족이 큰 사람이다. 누구와 어떤 일을 하는지, 거기서 느끼는 보람은 무엇인지, 자신의 일이 세상에 어떤 영향을 미치는지에 관심이 많다. 만족감도 거기서 온다.

그런데 저자는 두 유형의 비율이 1대 99 정도라고 한다. 일에 대해 말할 때 "전에 없던 혁신적인 상품을 만들고 싶어." "회사를 키우는 게 가장 즐겁지." 등과 같이 말하는 사람은 한 명뿐이며 나머지 99명은 "존경하는 이들과 함께 일하는 것이 좋다." "일을 통해 세상에 좋은 영향을 미치는 것이 기쁘다."라고 말한다는 것이다.

이러한 조건에서 기타노 유이가는 꼭 하고 싶은 일을 하기 위해서는 '남다른 실력'이 반드시 필요하다고 강조한다. 일의 재미는 하고 싶은 일을 하는 데 필수 불가결하다. 그런데 상태를 중시하는 형에게 '재미있는 일'의 조건은 게임과 비슷하다. 나의 실력에 비해 너무 낮은 게임은 흥미가 금방 떨어지고 너무 어려운 게임은 좌절감을 불러온다. 직장 생활에서도 적당한 실력을 갖춘 상황에서 일정한 수준의 난이도를 처리하면 대다수의 직장인은 게임을 하는 것 같은 재미와 만족감을 느낄 수 있다. 실력이 있어야 일의 재미를 느끼며 만족을 느낄 수 있는 것이다.

재도전에 성공하기 위해 가장 필요한 것은 실력이다. 재도전의 과정에서도 자신이 잘할 수 있는 일을 탐구하는 것이 우선이요, 다음으로 그중에서 해보고 싶은 일을 선별하는 것이다.

잘할 수 있는 일과 하고 싶은 일의 교집합을 찾아라

'당신은 무엇을 경험했고, 무엇을 잘할 수 있는가?'

재도전의 과정에서 가장 먼저 묻고 답해야 하는 질문이다. 이 질문이 다소 막연하다면 다음의 3단계, 즉 '경력 분석' '잘할 수 있는 일 탐구' '하고 싶은 일 선별'을 따라가 보기를 권한다. 가장 먼저 '경력 분석'을 해야 한다. 나는 20대에 삼성전자에 입사해 반도체에서 일을 시작했고 그룹에서 경영진단 업무를 했다. 그리고 일본법인에서 판매를 관장한 후에 한국으로 돌아와 HDD, LED, 제일모직, SDI 배터리 등 여러 사업을 경험했다. 세부적으로 보자면 이보다 긴 내용이지만 이러한 경험치들을 나열한 후 '이것들을 살릴 방법은 뭘까?' 하고 고민했다.

다음으로 '잘할 수 있는 일'을 꼽아보았다. 되도록 매우 현실적이고 냉정한 시각으로 접근했다. 일례로 재도전해 볼 만하다고 생각한 것 중에는 오래 몸담았던 반도체, 경영진단(컨설팅), 신산업인 배터리가 있었다. 그러나 고민 끝에 '모두 재도전 과제로는 부적합'이라는 결론을 내렸다. 우선 반도체의 경우 '반도체를 20년 동안 했지만 현장을 떠난 지가 10년인데 여전히 전문가라고 할 수 있을까?'라는 회의적인 생각이 들었다. 경영진단의 전문성을 살리는 컨설팅의 경우 맥킨지나 BCG 등 글로벌 컨설팅 업체와 경쟁하는 것이 가능할까?'라는 의문이 들었다. 배터리의 경우 '커가는 시장이기 때문에 조사기관을 만들어 리포트를 내면 산업 전반에 도움을 줄 수 있겠다.'는 의욕을 불태웠으나 '만일 조사기관을 세운다면 고객군이 현장에 남아 있는 후배들을 만나 적극적인 영업을 할 수 있을까?'라는 고민이 들어 더 이상 진척이 되지 않았다. 이런 식으로 잘할 수 있는 일을 고민하는 단계에서 '현실적으로 가능한가?'라는 질문을 덧붙여 보니 의외로 많은 일이 걸러졌다.

마지막으로 '하고 싶은 일'을 선별해 보았다. 하고 싶은 일은 개별 직업이 아니라 '일로서 어떤 가치를 만들고 싶은가?'라는 질문에 답을 해보았다. 일하며 보람을 느끼고 사회에 기여도 하며 경험도 살릴 수 있는 일이라면 좋겠다고 생각했다. 이렇게 '하고 싶은 일'을 추려 앞서 선별한 '잘할 수 있는 일'과 맞춰보았다.

'잘할 수 있는 일'과 '하고 싶은 일'의 교집합에 있는 직업이 '경영자 코치'였다. 경영자 시절 나는 후배들의 멘토가 되는 일을 자청해 충고하고 지도하며 많은 보람을 느꼈다. 변화하는 후배들을 지켜보는 것이 뿌듯했고 고맙다는 인사를 듣는 것이 더없이 즐거웠다. 그러다 나 자신이 경영자 시절 직접 코칭을 받아보게 되니 코칭 자체에 큰 흥미가 생겼고 체험을 통해 그 효과와 영향력이 상당하다는 것도 알게 되었다. 무엇보다 내가 경영자 코치가 된다면 경영자로서의 경험을 살려 후배 경영자와 임직원들에게 도움을 줄 수 있기에 남다른 경쟁력을 확보할 수 있겠다는 생각에 이르렀다.

이후 과정은 앞서 소개한 그대로다. 경영자 코치가 되기 위해 교육과 훈련을 받았고 현장에서 많은 보람을 느꼈다. 만일 수요자에 대한 제한을 두지 않았다면 일에 대한 갈증 없이 많은 열정을 쏟았으리라고 생각한다.

1만 시간의 법칙을 거스를 축적의 힘을 키워라

일생에서 몇 번의 재도전을 준비했던 내게 가장 잘한 것을 꼽으라면 '기록'이다. 사람들은 '기억의 수명'이 얼마나 짧은지 알지만 직접 기록해서 자료를 남기는 데는 인색하다. 시간과 에너지를 들이는 것을 귀찮아한다. 그러나 재도전을 준비하는 때는 재충전한 에너지와 한가한 시간을 활용할 수 있다. 나는 기록이야말로 말콤 글래드웰의 '1만 시간의 법칙'을 거스를 수 있는 '축적의 힘'을 기르는 방법이라 생각한다.

우선 재도전의 시기에 기록해야 하는 이유를 짚어보자. 첫째, 소중한 자원을 확보할 수 있다. 보통의 사람들은 언젠가 책을 써보겠다는 생각을 한 번쯤은 한다. 그런데 대부분 생각뿐이다. '나중에 무엇으로 책을 쓸 것인가?'라는 질문에 답을 할 수 있는 이들이 별로 없다. 일대기가 됐든 전문 서적이 됐든 자신의 경험은 가장 기본이 되는 소재다. 나 역시 그간의 정리가 없었다면 『그로쓰』를 쓸 엄두조차 내지 못했을 것이다. 기억이 기록으로 되는 순간 소중한 자원이 만들어진다는 것을 명심하자.

둘째, 사실관계를 명확히 해두는 효과가 있다. 시니어가 되면 기억의 오류가 발생하는 것을 자주 경험한다. 아예 오염된 기억을 사실로 생각하는 경우도 있다. 사소한 것들이야 설왕설래로 바로잡을 수 있지만 되돌릴 수 없는 실수, 감사했던 경험, 일생일대의 선택들에 대한 기억이 오염되면 이후에도 큰 낭패를 본다. 이런 것들은 기록으로 남겨서 훗날의 실수를 예방하고 경과를 살필 때 참고해야 한다. 기억을 정리할 때는 주요 사건을 타임라인에 맞춰 기록한다.

무작정 '글쓰기'가 어렵다면 질의응답도 좋은 방법이다. 후배들과 이 방법으로 34년 직장 생활을 정리했는데 의외로 효과적이었다. 왜 많은 사람이 인터뷰를 통해 자신의 생각을 이야기하는지 알 수 있었다. '가장 존경하는 선배는 누구인가, 그분에게 어떤 가르침을 받았나?' '리더로서 일을 해본 경험은? 그때 느꼈던 부담감과 보람은?' '조직에서 나의 커리어는 어떤 거였나, 이를 위해 어떤 교육과 훈련을 받았나?' 이런 식의 구체적인 질문을 놓고 이야기를 풀어가니 쉽게 말문이 트였고 미처 정리하지 못했던 자아상이나 직업관 등도 확인할 수 있었다.

마지막으로 재도전 시기에 정리한 기록은 다음에 도전할 때 든든한 우군이 된다. 회사에서 일했던 경험, 당시 배웠던 것들, 내가 가졌던 가치관을 정리해놓으면 '선택의 순간'이 보다 쉬워진다. 어떤 길로 가야 할지 고민할 때 경험과 철학을 바탕으로 길을 정할 수 있다. 또한 새로운 전문 분야를 탐구할 때 기존에 익혀두었던 노하우를 소환해 활용할 수도 있었다. 기존의 경험 덕분에 1만 시간을 쏟아붓지 않아도 전문가가 될 수 있다.

이상으로 재도전을 준비하는 이의 마음가짐과 태도가 어떠해야 하는지 알아보았다.

개인적으로 깨달은 것 중 하나는 일에서든 인생에서든 '재도전의 기회'는 엄청난 축복이라는 것이다. 앞선 기회에서 배우지 못한 것들을 배우며 이루지 못한 것들을 이룰 수 있다. 혹여 여러 가지 이유로 재도전을 망설이는 주니어들이 있다면 용기를 갖고 새로운 도전에 나서기를 응원한다. 성장에는 끝이 없고 '늦은 때'도 존재하지 않는다는 것을 잊지 않길 바란다.

배울 수 있는 시기에 제대로 배우는 것이 중요하다

대학생 시절 ROTC 간부로 동기 100여 명의 기념 반지를 만드는 일을 맡았다. 카드가 없던 시절이라 나는 큰돈을 들고 남대문의 금은방을 직접 찾아가야 했다. 그 이야기를 들은 아버지는 "혹시 모르니 연대보증인을 세워라." 하고 당부하셨다. 처음에는 꺼리던 금은방 사장이 입대 선물이라며 자신의 누나를 연대보증인으로 세워주었다.

사달은 1개월간 훈련을 마치고 복귀한 후에 벌어졌다. 약속된 날짜에 반지를 찾으러 가보니 금은방 문이 굳게 닫혀 있었다. 금은방은 부도가 났고 사장은 잠적했다는 소식을 들었다. 앞이 깜깜해진 나는 아버지에게 사정 이야기를 했다. 아버지는 상당히 단호하게 말씀하셨다.

"손실 금액은 도와줄 수 있다. 그러나 이것이 사회다. 네가 여기서 사기를 당하면 사회 생활을 하는 내내 사기를 당하며 살 것이다. 꼭

네 힘으로 해결해 봐라."

그 말씀이 채찍도 되고 당근도 됐다. 도전 의식을 느낀 나는 한 달여 동안 이리 뛰고 저리 뛰고 하면서 사건을 해결했다. 20대 초반 사회 생활을 막 시작하려던 그때 벌어진 그 일로 많은 것을 배웠다.

첫째, 사회 생활의 어려움이다. 눈 뜨고 코 베일 정도는 아니더라도 어렵고 힘든 것이 사회 생활이다. 정신을 똑바로 차려야 한다.

둘째, 어려움을 해결해 가는 방법이다. 도움을 구할 수는 있다. 하지만 모든 것은 내가 책임져야 한다. 끝까지 스스로 해결하겠다는 마음을 먹어야 한다. 그게 어른의 방법이다.

셋째, 나쁜 일에도 배울 것이 있다는 것이다. 큰일이 벌어지면 막막하고 아득하기만 하다. 그러나 해결해 가는 과정에서 반드시 뭔가는 배우게 돼 있다. 최소한 같은 실수는 반복하지 않게 된다.

넷째, 충고의 소중함이다. 이는 이후 아버지의 갑작스러운 죽음으로 더 깊이 각인된 것이기도 하다. 갈피를 잡지 못할 때 길을 알려주는 이가 있다는 것은 감사한 일이다. 나를 걱정하는 말을 절대로 흘려들어서는 안 된다.

직장 생활을 시작하고 얼마 안 있어 아버지를 여의었다. 처음에는 사랑하는 가족을 잃은 슬픔이 컸다. 시간이 흐르면서는 막막함과 외로움이 더 크게 다가왔다. 직장 생활의 고단함을 느낄 때마다 단호한 목소리로 사회 생활의 기본기를 알려 주셨던 아버지가 떠올랐다.

'이야기를 들어주며 칭찬과 격려를 해줄 어른이 있으면 얼마나 좋을까?'

조언과 충고에 대한 목마름이 커졌다. 이러한 갈증이 이 책의 시발점이 됐다. 막 직장 생활을 시작해서 아는 것이 많지 않을 때 해야 할 일들과 조심해야 할 것들을 차근차근 알려주는 이가 있다면 좋겠다는 단순한 생각이었다. 내가 듣지 못했으나 듣고 싶었던 조언과 충고를 반세기 동안 직장 생활을 통해 익히고 배운 것을 기본으로 정리해 나갔다. 선배, 상사, 그리고 아버지의 마음이 바탕이 되었다.

사실 오랫동안 '생각'으로만 간직한 것을 '쓰기'라는 실천으로 옮기게 된 데는 '남다른 기대'가 한몫했다. 2021년 '경영자로 성장한다는 것'이라는 부제가 붙은 『그로쓰』를 출간하고 주니어들을 상대로 한 자리에 초대를 많이 받았다. 그러나 그때마다 하고 싶은 이야기를 전부 쏟아내지는 못했다. 마음 한편에는 '이러다 꼰대 소리나 듣지!' 하는 걱정이 앞섰다. 그러다 가끔 진심을 알아주는 후배나 독자들을 만날 때 마음 한구석에서 '기대'가 싹텄다. '혹시 나의 이야기를 들을 준비가 된 주니어들이 더 있지는 않을까?' 하는 소망과 설렘이 담긴 기대였다. 그 마음으로 지난 1년여 동안 쓰고 다시 쓰는 여정을 계속했다.

마지막까지 원고를 다듬으며 걱정이 컸다. 40여 년 전에 20대를 보낸 나의 조언이 요즘 세대에게 생경한 이야기로 들리지는 않을까, 시대착오적이라는 비판을 듣게 되지는 않을까 하는 우려가 가시지 않았다. 그러다 어느 순간 비판을 듣더라도 진심을 담아서 하고 싶은 이야기를 하는 것이 최선이라는 생각을 하게 됐고 용기를 내어 원고를 마무리했다.

돌이켜 보면 나는 너그럽다거나 자애롭다는 평가를 듣는 선배나 상사는 아니었다. 아버지로서도 마찬가지였다. 틀린 것은 틀렸다고 지적하고 옳은 것은 끝까지 옳다고 가르쳤다. 그래서 완고하고 융통성 없다는 평가도 들었다. 그러나 어떤 날에는 진심이 전해지는 순간을 맛보기도 했다. 사심 없는 조언과 충고가 상대의 마음에 가닿자 그의 생각과 태도가 바뀌었다. 이 책 『언밸런스』를 통해 다시 한번 진심의 힘을 경험하길 기대해 본다.

뭐니 뭐니 해도 주니어 시절은 배움의 시기다. 인생을 계획하고 설계하고 필요한 것들을 채워야 한다. 인생 전체를 풍요롭게 할 수 있는 값진 경험을 해야 하는 때다. 주니어들이 일찍부터 이를 깨닫고 그에 걸맞은 노력과 성취를 해내기를 당부한다. 이 책이 들으려는 이들과 배우려는 이들에게 제대로 쓰일 수 있기를 바란다.

언밸런스

초판 1쇄 인쇄 2024년 5월 7일
초판 1쇄 발행 2024년 5월 13일

지은이 조남성
펴낸이 안현주

기획 류재운 **편집** 안선영 김재열 **브랜드마케팅** 이승민 **영업** 안현영
디자인 표지 정태성 본문 장덕종

펴낸 곳 클라우드나인　　**출판등록** 2013년 12월 12일(제2013-101호)
주소 우) 03993 서울시 마포구 월드컵북로 4길 82(동교동) 신흥빌딩 3층
전화 02-332-8939　　**팩스** 02-6008-8938
이메일 c9book@naver.com

값 20,000원
ISBN 979-11-92966-72-4 03320